蒙台梭利

家庭快乐课堂

培养感觉能力的33个亲子游戏

[意]玛丽亚·蒙台梭利_著
唐玉芸_编译

0~6岁

西苑出版社
XIYUAN PUBLISHING HOUSE
·北京·

图书在版编目（CIP）数据

蒙台梭利家庭快乐课堂．情商专辑．培养感觉能力的33个亲子游戏：0～6岁 /（意）玛丽亚·蒙台梭利著；唐玉芸编译．-- 北京：西苑出版社，2021.3

ISBN 978-7-5151-0778-3

Ⅰ．①蒙… Ⅱ．①玛… ②唐… Ⅲ．①感觉－能力培养－学前教育－教学参考资料 Ⅳ．① G613

中国版本图书馆 CIP 数据核字（2020）第 261802 号

蒙台梭利家庭快乐课堂．情商专辑．培养感觉能力的 33 个亲子游戏：0～6 岁

MENGTAISUOLI JIATING KUAILE KETANG. QINGSHANG ZHUANJI. PEIYANG GANJUE NENGLI DE 33 GE QINZI YOUXI: 0～6 SUI

责任编辑	汪昊宇　刘　崴
装帧设计	仙　境
出版发行	西苑出版社 XIYUAN PUBLISHING HOUSE
地　　址	北京市朝阳区和平街 11 区 37 号楼　邮政编码：100013
电　　话	010-88636419
印　　刷	三河市东兴印刷有限公司
开　　本	880mm×1230mm　1/24
字　　数	117 千字
印　　张	5.75
版　　次	2021 年 4 月第 1 版
印　　次	2021 年 4 月第 1 次印刷
书　　号	ISBN 978-7-5151-0778-3
定　　价	118.00 元（全 3 册）

序

发现成长的秘密，给儿童科学的教导

玛丽亚·蒙台梭利是20世纪享誉全球的幼儿教育家，她所创立的幼儿教育方法的特点在于对儿童早期教育的重视。《西方教育史》称她为“20世纪赢得欧洲和世界承认的最伟大的科学与进步的教育家”。

1907年，蒙台梭利在罗马的贫民区建立了一所“儿童之家”，她运用自己独创的方法对那些招收来的3~6岁的儿童加以教育，结果使得那些出身“普通的、贫寒的”儿童的心智发生了巨大转变，他们皆被培养成了聪明、自信、有教养、生机勃勃的少年英才。于是，人们纷纷仿照蒙台梭利的教育模式建立了许多“儿童之家”。1909年，由蒙台梭利编写的《运用于“儿童之家”的科学教育方法》一书出版上市，很快便被译成20多种文字在世界各地流传。随后有100多个国家引进了蒙台梭利的方法，蒙台梭利在世界范围内引起了一场幼儿教育的革命。

由蒙台梭利提出的蒙氏教育法是一种针对儿童及幼儿的教育理念。蒙台梭利在很大程度上接受了卢梭、裴斯泰洛齐、福禄贝尔的自然教育与自由教育的观点，并根据自己的实际观察和实验研究提出了一种全新的教育理念，旨在全面提升儿童素质，发展儿童潜能。

读过蒙台梭利系列图书的读者对于儿童的教育问题会形成一种脱胎换骨般的认知，

能够感受到蒙氏教育法对儿童的尊重、对生命的尊重，从人性与生命的角度去揭示儿童成长的秘密，揭露教育的本质。在这一点上，这是以往的教育方法并不具备的。

蒙台梭利利用儿童自身的成长要求，在不损害儿童的自由与快乐的前提下，实现教育的目的。她认为，儿童有与生俱来的“内在生命力”，这是一种积极的、不断发展的无穷力量，而教育的任务是对儿童“内在生命力”的激发和促进，并不是强行地向儿童灌注成人的思想。所以，教师和父母要想帮助儿童获得良好的身心发展，必须先了解儿童的内心世界，从儿童自由与自发的活动中去仔细地观察和研究。

蒙台梭利认为：“儿童有绝对的自主权，让他们自己决定玩什么、学什么。”与传统的教育方法有所不同，蒙氏教育法的目的是帮助儿童自然地成长，更强调对儿童的秩序感、专心度、独立能力和手眼协调能力方面的培养，为儿童提供他们所需要的活动环境，让儿童感受到绝对的自由和尊重，让他们快乐地成为他们自己。

据此，蒙台梭利为学龄前儿童设计出一整套有效引导儿童迅速成长的训练方法。她提倡教育应当以儿童为中心，把握儿童的敏感期，注重儿童智慧与品格的养成，尊重儿童的成长步调等，对儿童进行体育、感官、知识、生活等多方面的教育。

蒙氏教育法源于对儿童的充分了解和研究，其中包含着很多有价值的教育观点，在她的著作中均有详细介绍。在此，我们为了让读者更好地了解她的教育观点，特地编译了这套“蒙台梭利系列”图书，在尊重原著的基础上，对原著内容进行了筛选和调整，力求能够让蒙台梭利的教育理念更容易被家长理解和运用。

本套书为情商专辑，包括《蒙台梭利家庭快乐课堂：培养感觉能力的33个亲子游戏（0~6岁）》《蒙台梭利家庭快乐课堂：培养生活习惯的30个亲子游戏（0~6岁）》《蒙台梭利家庭快乐课堂：培养运动能力的30个亲子游戏（0~6岁）》。这3本书的侧重点不同，从儿童不同方面的教育培养入手，其中《蒙台梭利家庭快乐课堂：培养感觉能力的33个亲子游戏（0~6岁）》是对儿童的视、听、嗅、味、触方面的能力进行激发和拓

展训练指导;《蒙台梭利家庭快乐课堂：培养生活习惯的30个亲子游戏（0~6岁）》是对儿童的卫生习惯、饮食习惯、行为习惯和品格习惯的系统培养指导;《蒙台梭利家庭快乐课堂：培养运动能力的30个亲子游戏（0~6岁）》是对儿童的身体机能、肌肉、行动方面的训练指导。

我们希望通过这套书，来指引家长更科学地对待儿童，给予儿童最佳的教育方式。这套书并不是晦涩难懂的理论书，而是操作性很强的工具书，其中包括摘自蒙台梭利原著的“蒙台梭利老师怎么说”，针对我国国情和目前家庭教育现状提出的“专家解读”，以及供家长参考的训练游戏“游戏配合”这三大模块的内容。

蒙台梭利的教育思想和她的著作风靡全球，赢得了广泛的好评。在当前的中国社会中，教育问题丛生，家长为了孩子的教育也是操碎了心。所以，我们更是需要一套有效的教育方法来做指引。我们希望，在认真阅读本套书之后，所有的家长都能够更加科学地对待儿童，找到适合他们的最佳的教育方式。

前言

感官训练的意义所在

儿童的感官训练是蒙氏教育法中较为重要的一个环节。通过对婴幼儿的视觉、听觉、嗅觉、味觉、触觉等感觉的具体训练和激发，来帮助儿童感知这个世界。

大脑的进步和发展是在与外界充分接触之后才能发生的，而人与外界直观的接触就是看、听、闻、尝和触碰。具有独立人格之后我们才会发现，不同的环境会带给我们不同的感受和不同的认知。因此，我们就需要帮助幼小的儿童来感受一些能够帮助他们向上生长的社会环境。

蒙氏教育的创始人蒙台梭利老师在经过多年的观察后，得出了一个这样的结论：呱呱坠地的婴儿也有自己的意识。比如，他们知道自己喜欢谁的怀抱，知道谁是妈妈、谁是爸爸，知道奶粉没有妈妈的乳汁好喝，他们听到某些声音会大哭，饿了会哭，闻到自己不喜欢的味道也会哭……这一切的一切都是儿童感觉能力的自然体现，然而这只是儿童尚未经过发展和激发的感觉能力。

蒙台梭利老师曾经说过："感官是心灵的窗户，是最基本的智力活动。"所以儿童的感官训练对儿童成长的意义不容小觑，不同年龄阶段的儿童的感官发展程度不同，所以针对不同年龄阶段的儿童也要有不同的针对性训练法。

蒙台梭利训练法是通过对儿童的感觉能力观察研究之后得出的一套系统的训练方

法，根据儿童在不同时期的感觉能力的变化，从而对视、听、嗅、味、触在各个年龄阶段的表现做了大致的归纳，分成各个细小的环节和方面，以帮助家长科学、有效地培养儿童的感觉能力的发展。

本书按照视觉能力、听觉能力、嗅觉能力、味觉能力和触觉能力来分析与介绍儿童的感官特点，每一部分的每一个小节都有蒙台梭利老师分析研究的精华内容，以及针对问题的解决意见和有趣的训练游戏。现在大多数的年轻家长在教育孩子的时候束手无策，他们不懂得如何有效地教育孩子，于是就把父母用在自己身上的传统教育理论用到自己的孩子身上，但是往往起不到什么效果，甚至还会适得其反。所以这本书在有效地帮助家长解决困扰的同时，也针对传统的教育方法，提供给家长一些小游戏做参考，来训练儿童的感觉能力。

我们希望这本书能够从真正意义上帮助家长解决儿童成长过程中的难题。家长结合各自孩子的特点，再根据这本书里的内容做出最适合儿童的训练方案，激发儿童的潜能，同时让儿童享受童年的乐趣。

目录

Part 1

利用教具对儿童初步感觉的训练

Part 2

儿童视觉能力的发展

Part 3 儿童听觉的初步训练

Part 4 儿童嗅觉的灵敏性

Part 5 儿童味觉的激发

Part 6

儿童触觉的拓展训练

Part 7

系统的儿童感官训练

Part 1
利用教具对儿童初步感觉的训练

01 为儿童提供视觉练习环境

蒙台梭利老师怎么说

观察能力作为人最基础的能力，能在极大限度上改善我们的生活。所以从宏观意义上来说，早期对儿童进行合适的视觉训练，会对儿童的成长起到至关重要的作用。

在蒙台梭利教育系统中，最开始训练的就是视觉系统，对儿童的视觉训练包括颜色、形状、大小、宽窄等。为此，蒙台梭利老师专门开发出一套系统的视觉训练教具，不同属性的教具针对着不同的视觉训练方向。

同时，在对儿童进行视觉训练的过程中，如果儿童出现了错误，家长和教师也不要急着去纠正这个错误，而是要通过引导来让儿童自己意识到，并且尽自己所能去改正这个错误。为儿童提供自由、舒心的环境，也是对儿童基本的尊重。

——摘自《蒙台梭利早教方案》

专家解读

孩子的视觉能力也包括孩子的观察力和注意力，以及从不同的方面去认知事物，结合事物的形状、大小、颜色进行全方位思考的能力。

在进行视觉训练的初期，家长不要急于让孩子熟记颜色、形状等，而要先让孩子学会观察和集中注意力，写实的画家和摄影师都是立足于观察生活才能有好的作品。所以观察能力的提高也有利于孩子今后在艺术方面的学习和发展。

游戏配合

游戏名称：为他们找朋友

适用年龄：1.5~2 岁

游戏目的：通过找到物品对应的另一半，来初步开拓孩子的视觉能力。

游戏方式：

Step 1

家长准备一些“成对”使用或者是相同的物品，比如，一副手套、一双鞋子、两个相同的帽子、两部相同的手机等。

Step 2

家长将这些东西打乱顺序放在茶几上，引导孩子观察这些物品的特点，然后随机拿出一样来，请孩子找到与之对应的物品。

☆家长观察笔记

02 声音对儿童的刺激

蒙台梭利老师怎么说

与触觉、视觉、味觉相比较，听觉是很容易被忽略的，因为听觉能力在年幼的儿童身上体现得不是很明显，但是听觉的发展却是语言发展的推动力。

语言是人类沟通和交流的桥梁，也是人类和非人类之间本质上的区别。我们传递信息需要依靠言语，接收信息自然就要依靠听力。儿童通过有效的训练，听力变得更加敏锐，也为其将来的语言学习打下了基础。

——摘自《蒙台梭利早教方案》

专家解读

对感官的训练要融入生活中去，其他的感官训练可能需要刻意地准备一些教具，但是对于听觉的训练是可以随时随地进行的。

带孩子出去玩的时候，一起走路的时候，讲故事的时候等，家长要学会去寻找训练孩子听觉的机会。

游戏配合

游戏名称：找妈妈

适用年龄：1~2 岁

游戏目的：让孩子初步感知、熟悉声音，激发孩子的听觉。

游戏方式：

Step 1

让孩子平躺在床上，四周摆放一些能够遮挡住他视线的东西，如枕头或者是叠好的被子。

Step 2

家长拿一些可以发出声音的东西，如拨浪鼓、小铃铛等，躲在床边，保证孩子看不见自己，然后制造声音，同时轻唤孩子的名字，引导孩子根据声音来源来寻找自己。

☆家长观察笔记

03 儿童对气味的初次体验

蒙台梭利老师怎么说

对儿童来说，这个世上所有的味道都是未知数，所以儿童的嗅觉是其成长过程中十分重要的一环。但是由于味觉与嗅觉是所有感官训练中最难的环节，所以，蒙台梭利老师认为平常的训练或者心理测量都不适合用来训练儿童的嗅觉能力。

处在幼儿阶段的儿童嗅觉系统尚未发育完全，所以可以通过感觉能力来激发吸引。激发儿童的嗅觉能力多多少少会有些困难。蒙台梭利老师曾经做过这样一个关于嗅觉的实验：将小朋友的眼睛蒙好，然后请他去闻盛开的紫罗兰和茉莉花，小朋友在熟悉了这两种味道之后，就可以将他的眼睛再蒙上，去辨别花香。

——摘自《蒙台梭利儿童教育手册》

专家解读

幼儿是没有太具体的气味的概念的，而且也不会用语言去表达自己究竟闻到了什么，他们会通过皱眉、微笑或者哭泣等表情来表达他们对这种气味的情绪——喜欢或者不喜欢。成人讨厌的味道孩子也会讨厌，成人喜欢的味道可能孩子也会抵触，所以家长应该通过多观察孩子在接触不同的味道时候的表情来看孩子是否喜欢这种味道，如果孩子表现出异样，那么以后就要避免孩子与这类味道接触。

同时家长也应该注意，在使用香水或者其他气味较为浓烈的物品之前，应该先观察孩子对自己这种味道做出了什么样的反应，尽最大可能来保护孩子的嗅觉。

同时建议，为了保护孩子尚未发育成熟的嗅觉系统，应该保证孩子生活的环境空气清新。

游戏配合

游戏名称：外面的味道

适用年龄：3~5 岁

游戏目的：带领孩子走到外面的世界去感受充斥在空气里的不同味道。

游戏方式：

Step 1

家长带领孩子走到户外去，到公园、湖边等地方。

Step 2

引导孩子去感受不同的味道，花的香气、草的清新，还有湖水的味道、马路上的味道等。让孩子在户外感受不同的味道。

☆家长观察笔记

04 儿童对不同的味道的反应

蒙台梭利老师怎么说

对儿童的味觉加以训练的主要目的是刺激味蕾和培养他们对事物的分辨能力。儿童的味觉系统发育不完整，会导致他们进食单一甚至厌食，造成营养不良。同时，进食匮乏还会导致儿童的口腔肌肉缺乏锻炼，甚至影响儿童的语言能力和表达能力。

——摘自《蒙台梭利早教方案》

专家解读

让孩子品尝不同的味道是帮助他们口味过渡的重要环节，孩子品尝不同的味道在均衡营养的同时也丰富了他们的味觉世界。

但要提醒家长的是，孩子的味蕾相较成人还是很脆弱的，所以在给孩子品尝不同口味的时候，要注意其刺激性。

游戏配合

游戏名称：“有趣”的味道

适用年龄：8~15 个月

游戏目的：让婴幼儿体会一下成人世界里的味道，同时刺激婴幼儿的味蕾。

游戏方式：

Step 1

家长在吃饭的时候，适当地蘸一点儿汤汁给孩子品尝，同时看孩子通过表情做出的对这种味道的反应。

Step 2

家长在注意汤汁温度的前提下，多次给孩子品尝汤汁。判断他对该类菜品味道是否喜欢。

☆家长观察笔记

05 触觉的感觉体验

蒙台梭利老师怎么说

触觉对儿童的感官发展意义非凡，作用重大。敏锐的触觉在丰富儿童的情绪方面起着铺垫的作用。经过研究和观察，我们发现，经常与家长进行接触的婴幼儿在成长的过程中，动手能力总是较为出色的。

触觉感官的刺激是初生婴儿认知世界的主要方式。之所以有的婴儿被家长抱在怀里不哭，但是放到床上就止不住哭泣，其原因就是与家长的接触会带给他们安全感。所以家长对婴幼儿进行积极有效的触觉感官训练能为其健康成长打下基础。

——摘自《蒙台梭利早教方案》

专家解读

对婴幼儿来说，与家长接触是一件很幸福且有安全感的事情。科学研究也表明，婴幼儿与家长多接触是增进感情的一种极为有效的方式。触摸也是一种情感上的交流，孩子在与家长的触摸过程中，感官得到刺激，同时父母再灌输给他们一些五官以及感觉的概念，这是有助于增强孩子的认知能力的。

游戏配合

游戏名称：带有爱的触摸

适用年龄：3~12 个月

游戏目的：婴幼儿用手来触摸爸爸、妈妈以及自己的身体，来增强感觉上的认知。

游戏方式：

Step 1

家长用手去拉孩子的手，引导婴幼儿做击掌和握手的动作。

Step 2

家长拿着孩子的手来触摸自己的嘴巴、鼻子、耳朵，同时灌输概念给孩子：这是嘴巴，嘴巴是用来吃东西的；这是鼻子，鼻子是用来闻气味的；这是耳朵，耳朵是用来听声音的。

☆家长观察笔记

Part 2

儿童视觉能力的发展

01 让儿童了解不同形状

蒙台梭利老师怎么说

蒙台梭利老师在早期任教时，就曾经根据前辈留下来的不同形状的图形，再结合自己的见解，重新制作过不同形状的嵌板。

嵌板是由两个大的木板重叠制作的，置于下面的嵌板是不用做任何改变的，位于上面的嵌板需要挖出各种各样的几何形状。使用嵌板的目的是让儿童认识各种各样的几何形状。

蒙台梭利老师为嵌板增加了颜色，利用深浅颜色来帮助儿童区分不同的形状。但她在后来的具体实践当中，发现了这种几何嵌板的弊端，于是就在彩色嵌板的基础上再加以改进——保留了嵌板的基本形态，增加了框架和托盘，重新将其命名为“几何图形嵌板橱”。加进托盘是为了使嵌板上的图形更加容易更改，可以尽可能多地选择几何图形，而且一次也可以给儿童展示两个到三个几何图形。

在嵌板视觉练习的初步阶段，蒙台梭利老师发现大部分儿童需要经过很多次的试错之后才能将嵌板放到正确的位置。比如，有些儿童会错误地将长方形放到三角形的框架里面，只有在经过多次尝试之后，他们才会主动意识到怎样摆放才是正确的。

图形嵌板的练习有助于帮助儿童在较长的一段时间内集中注意力，甚至会错误地摆放了五六次嵌板之后才能找到正确的答案，这个过程有助于锻炼儿童的视觉专注能力。

——摘自《蒙台梭利早期教育法》

专家解读

让孩子在游戏中多次观察具有鲜明轮廓的图形，是帮助孩子记忆图形的有效方法。孩子在记忆形状的过程中，需要在脑海中对图形进行反复的观察和比对，所以这同时训练了孩子对不同物体轮廓的分辨能力和感知能力，为孩子之后进入学校学习几何数学也起到了一定的辅助作用。

游戏配合

游戏名称：记忆超人

适用年龄：2~3 岁

游戏目的：训练孩子的观察能力和对图形的认知能力。

游戏方式：

Step 1

家长尽可能多地准备好几何图形的卡片，如三角形、正方形、长方形，同时也可以在卡片上涂上视觉冲击较大的颜色，帮助孩子记忆。

Step 2

家长依次将卡片展示给孩子，并且重复告诉孩子该图形的名称，每张图片的展示时间大约为 20 秒。

Step 3

在卡片全部展示结束之后，家长从第一张卡片开始询问。在这过程中，注意孩子对哪些图形记得不准确，在下一次做游戏的时候多重复该图形的名称，以促进孩子视觉的敏锐程度。

☆家长观察笔记

02 拓展儿童的色彩认知

蒙台梭利老师怎么说

颜色在视觉训练的过程中占有相当重要的分量，蒙台梭利老师经过长期的观察研究，设计了一套由 64 个不同颜色的木块组成的教学用具。这些木块很小，但被打磨得很平整，每个木块都用不同颜色的丝线或者毛线缠绕着。这些颜色主要有黑色、红色、黄色、绿色等 8 种颜色，每种颜色还被分为 8 种不同深浅的程度。

为了方便对儿童的训练，我们又做了一套同样的色板，将这些色板分别放进两个不同的盒子中，让儿童对这些颜色进行配对，比如，咖啡色和灰色、天蓝色和淡绿色等色系相近的颜色可以匹配。也可以按照颜色的深浅进行排列游戏，区分颜色较为靠近的色板等。配对游戏是为了帮助儿童识别相同颜色之间不同色系的差异，在进行一些强烈的色彩对比训练之后，我们就会达到让儿童熟记大部分颜色的目的。在进行颜色匹配的过程中，儿童也提高了自己的动手能力。

儿童在进行一段时间的训练之后，就会主动地从生活中寻找颜色，看到某件物品，脑海中就会浮现出相应的颜色。

在一段时间的颜色训练之后，儿童就可以从生活中发现更多的乐趣。有一次，蒙台梭利看到一个小男孩在庭院中愉快地奔跑。突然，这个小男孩停了下来指着天空喊道：“看啊！天空是蓝色的！”然后，小男孩在庭院中驻足，仰望天空很长时间。显然，儿童开始用认识到的色彩来观察周围的世界，而这些也成了儿童快乐的源泉。

——摘自《蒙台梭利儿童教育手册》

专家解读

颜色的种类有很多，我们可以让孩子先从红、黄、蓝这 3 种基本颜色开始训练，再逐步增加难度。家长可以充分地发掘生活，利用一些常见的物品来训练孩子的视觉能力，如亲手制作一些色板。

我们可以将比较硬的卡纸做成大小相同的卡片，在卡片上贴上从不同地方剪下来的包装纸，简单的几个步骤就可以做成训练孩子视觉的小道具。为了方便孩子对色彩进行配对训练，最好每种颜色做成两张卡片，每张卡片采用相同的材质和颜色。

游戏配合

游戏名称：帮颜色找朋友

适用年龄：2~3 岁

游戏目的：帮助孩子提高对颜色感知的敏锐程度以及对色彩的判断能力。

游戏方式：

Step 1

从两套色板中取出红、黄、蓝这3种颜色，将其中一套交给孩子，给他一个熟悉色彩的过程。

Step 2

向孩子发出指示，让他从剩下的色板中找出与其手中颜色相同的那个，进行配对。

Step 3

当孩子能够熟练掌握这3种颜色后，适当增加色板的数量。

Step 4

将色板打乱顺序，让孩子准确排列这些颜色的深浅变化。

☆家长观察笔记

03 培养儿童对于大小的认知

蒙台梭利老师怎么说

蒙台梭利老师在研究如何对儿童进行大小认知的培养上，采用的是对大小的立方体进行比较的方法。

选择差异较大的正方体，比如，准备最大的边长为 ,10 厘米的正方体、边长为 9 厘米的正方体、边长为 8 厘米的正方体、边长为 7 厘米的正方体、边长为 6 厘米的正方体……以此类推，直到边长为 1 厘米的小正方体。将 10 块正方体打乱顺序铺到地板上，然后带领儿童将这些木块由大到小堆积起来，最大的置于底部，然后以此类推，建造出一座类似于小塔的建筑。这个过程也可以同时锻炼儿童的行动能力。

如果儿童在这个游戏中出了错，那么家长就可以引导儿童自己去观察摆放错误的正方体，比如，平稳的线条突然变得凸出来或者凹进去。蒙台梭利老师在多次实验中观察到，儿童最容易犯的错误就是把边长为 10 厘米的正方体和边长为 9 厘米的正方体颠倒位置。

——摘自《蒙台梭利早教方案》

专家解读

蒙台梭利老师在“儿童之家”专门设计了一个帮助孩子分辨大小的游戏。这个游戏的主要目的不仅仅是培养孩子对长短的认知，同时也是为了提升孩子的观察能力以及思考能力。

为了巩固孩子对长短概念的记忆，家长也可以在平时的生活中，通过身边随手可及的物品来时刻锻炼孩子的感知能力。比如，利用刚买回来的苹果、西瓜以及草莓，家长就可以在给孩子补充维生素的同时培养孩子对大小的认知。

游戏配合

游戏名称：搭建楼梯

适用年龄：2~3 岁

游戏目的：通过蒙氏教具灌输给孩子大小的概念，以及培养孩子分辨大小的能力。

游戏方式：

Step 1

家长将正方体套装打乱放到地毯上。

Step 2

家长拿出最大的正方体和最小的正方体展示给孩子，然后请孩子根据大小对正方体进行排序，并且提前告知孩子，如果顺序是对的，最后就会搭成一个小楼梯。需要注意的是，在孩子操作的过程中，家长在一旁不要给予太多的指导与提示。

Step 3

在孩子搭建完成之后，家长在一旁陪同孩子观察搭建的是否是一个正确的楼梯。如果孩子搭建好的楼梯出现凹凸不平的地方，就说明孩子混淆了大小，家长不要着急让孩子改正答案，而是加以引导，从而使孩子自己意识到错误。

☆家长观察笔记

04 激发儿童的观察能力

蒙台梭利老师怎么说

观察能力是人最基础的能力，它依附于人的视觉发展程度。而视觉能力又是得到科学发现和结论的基础，所以培养儿童的视觉能力在某种程度上也是为了促进社会文明的发展。

蒙台梭利老师选择了颜色反差较大的色板来激发儿童的视觉能力，比如，颜色反差较大的红色、黄色和蓝色，每种颜色都准备两块色板。在给儿童展示了一块色板之后，就让他在打乱的色板中找出刚刚自己观察过的那一块。这个游戏可以采用递进的方式来增加数量，从 3 种主颜色增加到 6 种以及 8 种。等到颜色排列得足够复杂、色彩对比足够强烈之后，蒙台梭利老师建议使用同样的方式，排列单色系的色板，让儿童来重复之前的分辨过程。

蒙台梭利老师曾经在一所“儿童之家”看到过这样一个游戏：教师在儿童面前的桌子上放了多组不同颜色的色板，每组色板的数量要和儿童一一对应，然后请儿童自己来选择颜色，之后教师将剩余的色板打乱顺序，再请儿童依次迅速地从打乱的色板中挑选与自己手中的色板颜色相对应的色板。而另外一所“儿童之家”则是这样进行游戏的：儿童独立将整盒的色板全部打乱，然后迅速地将这些色板按照颜色的深浅程度排列整齐。蒙台梭利老师说，儿童准确无误地排列好这些颜色的能力令她感到吃惊。

——摘自《蒙台梭利科学教育法》

专家解读

对于孩子视觉能力的培养，也包括对孩子的观察能力和记忆力的训练。我们使用的这些游戏是寓教于乐的，在锻炼孩子观察能力的同时也提升了孩子的视觉敏锐程度。而通过游戏来锻炼孩子的观察能力，是为了让孩子在与家长玩耍的轻松氛围中，实现教育的目的。

我们在观察一件物品的时候，需要长时间地集中注意力。但是因为孩子能够集中注意力的时间很短，所以在游戏的过程中一定会出现纰漏，家长在希望孩子给出正确答案的同时也要注意孩子的精力消耗。

游戏配合

游戏名称：走失的彩色玻璃球

适用年龄：1.5~2.5 岁

游戏目的：培养孩子的视觉敏锐程度，激发孩子的观察能力。

游戏方式：

Step 1

家长准备好 3 个一模一样的小碗和一颗玻璃球。

Step 2

家长将 3 个小碗全部倒扣在桌子上，然后将玻璃球藏到其中一个小碗的下面。

Step 3

家长当着孩子的面，调换 3 个小碗的排列顺序。因为只是为了锻炼孩子的观察能力，所以手法无须太快，家长可以根据自家孩子的实际情况，调整调换的速度和频率。

Step 4

家长请孩子说出玻璃球在哪个小碗里面，随着孩子观察能力的进步，家长可以适当地增加碗的数量。

☆家长观察笔记

05 提高儿童的记忆能力

蒙台梭利老师怎么说

蒙台梭利老师通过插件和木块不但训练了儿童的视觉能力，而且锻炼了儿童的记忆能力。

在使用插件教具的过程中，儿童需要独立去分辨插件之间的细微差异。虽然在刚刚接触插件时，儿童在分类的过程中经常会出现一些杂乱无章的错误，比如，在使用立体插件的时候，儿童会随意地将插件摆放，而且也看不出插件之间的差异，但是，随着练习次数的增加，儿童分辨能力越来越强，也越来越准确。儿童在对正方体和圆柱体的反复比较过程中，对几何体的各自特点进行记忆和筛选。蒙台梭利老师说这便是通过视觉对记忆能力和推理能力的训练。木块系列的插件教具在儿童视觉的训练过程中，主要是针对识别“递次”的能力。比如，将一个大的正方体放置于两个等大的小正方体的中间，就会从视觉上刺激儿童的感官，从而识别其中的差异。

儿童对几何插件的兴趣越发浓厚，在儿童的眼中，这些几何插件之间的差距越来越明显，也越来越容易分辨。在不断地重复训练的过程中，儿童的视觉能力、记忆能力、观察能力以及注意力都在相应地提高。

——摘自《蒙台梭利文集》

专家解读

孩子的视觉记忆能力也是儿童感官训练中重要的一环。视觉记忆能力是指对来自视觉通道的信息的输入、编码、存储和提取，即个体对视觉经验的识记、保持和再现的能力。

打个比方，某一天，你带着孩子到公园里散步的时候看到朋友的金毛犬，第二天，你从“朋友圈”里看到了这只金毛犬的照片，你将这张照片拿给孩子看，他一定会认出这是昨天在楼下看到过的。这个时候，你再深入询问孩子，他就会把他所见到的这只金毛犬用语言或者用画笔展现出来给你看。而这一系列的能力就是孩子视觉记忆能力的功劳。

所以，视觉记忆能力对孩子的思维、理解都有很大的辅助作用。假如孩子的视觉记忆能力不够灵敏，那么就会影响他长大之后的学习效果。所以我们建议通过对信息进行复述、组织、比较等方法训练孩子的视觉记忆能力。

游戏配合

游戏名称：玩具失踪案

适用年龄：2~2.5 岁

游戏目的：在游戏中培养孩子的视觉记忆能力。

游戏方式：

Step 1

挑选三四个孩子平时经常玩的玩具，呈一字形摆好，让孩子进行观察。

Step 2

请孩子转过身去，然后随机拿走一两件玩具，同时打乱剩余玩具的位置。

Step 3

请孩子猜一猜是哪个玩具不见了。

Step 4

随着孩子越来越熟练，可以适当地增加玩具的数量，或放进去一些较为相似的玩具。

☆家长观察笔记

Part 3
儿童听觉的初步训练

01 让儿童感受声音

蒙台梭利老师怎么说

蒙台梭利老师曾经在“儿童之家”进行过一个“低头耳语”的声音实验，这个实验的目的是让儿童感受声音。

蒙台梭利老师将教室里的窗帘拉上，然后请小朋友们闭上眼睛，将头枕到自己的胳膊上，在几乎没有阳光的屋子里保持绝对的安静。之后，蒙台梭利老师对教室里的小朋友们说：“请你们听好了，我现在会低声叫你们的名字。”随即，蒙台梭利老师走到一个小朋友的身后，轻声唤了一声，这个小朋友非常兴奋地睁开了眼睛，然后慢慢地抬起了头，小心翼翼地站了起来，踮着脚尖走路，尽量不发出任何声音。他一脸笑意地走到教室门口，一脸好奇地站在那里，期待着下一个走过来的小朋友。

被点到名字的小朋友很骄傲，而尚未被点到名字的小朋友焦急的情绪都写在了脸上。于是蒙台梭利老师对小朋友们许诺，只要被点到名字，就会得到奖励。但是蒙台梭利老师发现，这个时候许诺的奖励是没有任何意义的，因为小朋友们后来自觉地保持安静，已经不仅仅是为了被老师点到名字，而是喜欢上了安静，在享受安静带给他们的乐趣。就连最小的3岁小朋友都在一直静静地等待听到自己的名字。

蒙台梭利老师总结说：“儿童通过这种感受声音的游戏，得到奖励的同时享受于其中的乐趣。在这个游戏的过程中，教师也会拉近与儿童的距离。儿童在安静地等待属于自己的正确的声音，就好像是在等待加冕。”

——摘自《蒙台梭利科学教育法》

专家解读

训练孩子听觉的前提是绝对安静的环境，就好像歌手会选择在安静的录音棚里录歌一样。在让孩子感受声音的过程之前，除了要保持绝对安静的环境，还要控制声音的音量，对刚刚接触声音的孩子来说，太大的声音会震到他们的耳膜，同时产生恐惧感，太小的声音又无法被孩子感知，所以家长和教师都要控制好声音的大小。

成人都知道，不同材质的物品会发出不同的声音，所以初次让孩子感知声音的时候，家长就可以使用不同的物品，通过敲打发出的声音来让孩子直观地感受声音。各种沉闷的、清脆的、悦耳的声音都会激发孩子对声音探知的欲望。虽然孩子实际上对材质或者一些物品没有什么概念，但他们会对这些物品发出的奇奇怪怪的声音产生极大的兴趣，这也是“打开”孩子耳朵世界的第一步。

游戏配合

游戏名称：敲敲打打真热闹

适用年龄：1~3岁

游戏目的：通过敲击不同的物品发出声音，来激发孩子对声音的认知和探索的欲望。

游戏方式：

Step 1

家长将各种材质的物品都摆放在桌子上，比如，陶瓷或者塑料的碗、搪瓷的烟灰缸、竹木的杯垫等。

Step 2

给孩子类似于木棒的东西，可以是笔，也可以是筷子。

Step 3

让孩子轻轻地逐一敲打桌子上的物品，在孩子敲打的过程中，家长保证室内环境的绝对安静，以免其他声音干扰到孩子。请孩子仔细听不同的物品在被敲击之后发出的声音。

Step 4

如果做游戏的孩子年龄在 2 岁以上，就可以尝试只用三四件物品，来让孩子试着蒙眼辨别它们的声音。

☆家长观察笔记

02 锻炼儿童对声音的判断能力

蒙台梭利老师怎么说

声音是语言学习的基础，也是学习语言的前提。对儿童来说，准确判断不同的声音，是一个非常重要的训练过程。听觉训练不只是为了培养儿童对声音的感知能力，同时也是为了培养儿童独自生活的能力。

蒙台梭利老师一直是通过寂静的环境来锻炼儿童对声音的判断能力。根据蒙台梭利老师所说，在相对安静的环境中，首先发出对比强烈的声音，然后再制造音色相近的声音，甚至还会故意制造一些干扰的声音。蒙台梭利老师也认为 1805 年伊塔使用过的方法是培养儿童对声音判断能力最有效的方法。伊塔通过一组大小递减的鼓来发出声音，之所以选择大小递减的鼓，是因为其他能够产生声音的物品都无法吸引儿童的注意力。

蒙台梭利老师说先创建安静的外界环境，再制造时而优美、时而响亮的鼓声，这是会慢慢传递到儿童的全身的。精心制造的鼓声会给儿童一种平和、安静的感受。虽然不是外界环境上的安静，但是这却会给予儿童心灵上的宁静。

蒙台梭利老师认为接受过正统的听觉训练的儿童，对噪声会表现得十分敏感，而这些儿童长大之后会更加安静。

——摘自《蒙台梭利科学教育法》

专家解读

在锻炼孩子对声音的判断能力之前，既要保证外界环境的绝对安静，也要保证所传递的声音的清晰度。

这个世界上的声音多种多样，所以建议家长在最开始对孩子进行声音训练的时候，就要挑选一些音质差异较大的音源来给孩子辨别。这会非常有效地锻炼孩子辨别声音的能力。

随着孩子一点点长大，他们的辨别能力有所提升，他们就会主动地去辨识生活中出现的声音。比如，有一个从小喜欢乌鸦的小女孩，她长大之后，就可以准确地辨别出十多种乌鸦的叫声。

游戏配合

游戏名称：听一听，找一找

适用年龄：3.5~4 岁

游戏目的：通过制造不同的声音，来提高孩子对声音的认知和感知能力。

游戏方式：

Step 1

家长可以制造或者收集一些声音，比如，开门的声音、切菜的声音、水沸腾的声音、按门铃的声音、下雨的声音、火车的声音、地铁的声音、高跟鞋走路的声音等，可以用手机录下来，也可以现场制造一些声音。

Step 2

家长现场制造一些声音给孩子听，请孩子蒙上眼睛来辨别。或者播放手机里事先录好的声音，来请孩子分辨是什么声音。

☆家长观察笔记

03 儿童的节奏感训练方式

蒙台梭利老师怎么说

蒙台梭利老师说，米兰的“儿童之家”里有这样一位教师，她同时也是天才的音乐家。这位音乐家在和蒙台梭利老师沟通之后，利用钢琴进行了多次实验，发现儿童对音乐不够敏感，反而只是侧重于去寻找自己认为对的节奏。所以这位音乐家就根据一些简单的节奏，编排了一些简单的舞蹈动作，同时来研究节奏与动作协调之间的关系。

音乐家并没有强硬地要求儿童模仿自己，反而是在引导儿童通过听节奏和观察自己示范的动作，来慢慢协调他们自己的动作。音乐家是自由教育方法的践行者，她知道儿童平时习惯了蹦蹦跳跳的，所以并没有刻意去纠正。

音乐家在观察儿童的表现时得出这样的结论：随着她带领儿童进行练习的次数增多，儿童的舞蹈动作会慢慢变得好看起来，他们一点点摒弃之前乱七八糟的跳跃动作，舞蹈动作也开始慢慢步入正轨。音乐家试着去问几个年龄稍大的小朋友原因，孩子们的回答很有趣：“跳跃看起来有点儿丑。”“跳跃很粗鲁啊！”

音乐家通过这个小小的教育活动践行出有效的节奏感训练方式。

——摘自《蒙台梭利科学教育法》

专家解读

孩子最早接触韵律应该就是被妈妈放在婴儿车，随着摇篮曲的节奏被摇动的时候了。而这种韵律也被归类为一种节奏。

节奏感对孩子来说是对音乐的最早认知，而对节奏感的训练可以体现在生活的各个方面。孩子与爸爸妈妈生活在一起的时间是最久的，所以建议家长可以亲身参与到对孩子的节奏感的训练中去。

在训练孩子的节奏感的同时，家长可以手把手地去帮助孩子，帮助他们活动肢体。虽然在这个过程中，是家长在一直操控孩子的手和脚，但是实际上肢体的运动会通过听觉器官传给大脑，然后再由大脑加以分析、整理和记忆。

对孩子节奏感的锻炼，除了会帮助孩子的听觉变得更加敏锐之外，还有利于帮助孩子的肌肉和大脑适应音律，为其将来在音乐方面的学习夯实基础。

游戏配合

游戏名称：一起来跳舞

适用年龄：1~2 岁

游戏目的：训练孩子的节奏感，以及运动神经和大脑的发育。

游戏方式：

Step 1

在与孩子进行活动之前，先为孩子挑选合适的衣服和鞋子，以及节奏感强的音乐。

Step 2

家长根据音乐的节奏，抓住孩子的手，引导他做一些动作，向左右伸展，或者向上下挥舞等。家长要注意动作的幅度和强度一定要适合音乐的频率与孩子的能力。

Step 3

在由家长引导一段时间之后，就可以放手让孩子独立去跟着节奏舞动，家长可以站在孩子的对面做一些示范的动作，直到孩子能够独立地跟上音乐的节奏。

☆家长观察笔记

04 培养儿童对音质的感知分辨能力

蒙台梭利老师怎么说

蒙台梭利老师在对儿童的听觉教育中，引进了一堂让儿童分辨声音、感知安静的体验课程。首先，请幼儿园的教师使用平时控制课堂的方法来请小朋友们安静下来；其次，蒙台梭利老师再使用自己的方式请小朋友们安静下来。

蒙台梭利老师用不同的语调来对小朋友们说“安静”。尖锐的、温柔的、急速的或者缓慢的，孩子们慢慢开始被蒙台梭利老师的语调所吸引，教室里开始真正地安静下来。

蒙台梭利老师继续用不同的语调和语气来说“安静”，班级里所有的小朋友都在全神贯注地盯着蒙台梭利老师，听着蒙台梭利老师的声音。蒙台梭利老师说：“现在教室里非常安静，我们试着听一下，墙上钟表嘀答嘀答的声音，还有苍蝇飞行抖动翅膀的声音，你身边小朋友呼吸的声音，以及教室外的树叶被风吹动的声音。”虽然教室里保持了绝对的安静，但是孩子们却十分兴奋，他们安安静静地坐在位置上，竖起耳朵，认真地听蒙台梭利老师讲话的声音。

随后蒙台梭利老师请孩子们闭上了眼睛，体会当下静谧的环境中的声音。在这一时间段中，一定会有不小心发出声音的小朋友，那么就通过手势请他保持安静。

用口哨、盒子、鼓或者铃铛来制造声音。首选是铃铛，因为铃铛的声音相对来说是比较动听和清脆的，也更容易吸引儿童的注意力。

——摘自《蒙台梭利早期教育法》

专家解读

人的声音有很多种可能，但是未经世事的孩子却不会有这个认知，因此家长需要让孩子意识到声音的无限可能性。

孩子对这个未知的世界充满了好奇，所以当家长像蒙台梭利老师一样改变自己的声音和他们说话的时候，他们会表现出满满的好奇心。家长在捏着鼻子或者压低嗓子向孩子展示声音的时候，孩子会迫不及待地想要体验一下自己的声音在改变之后是什么样子的。家长就可以抓住这个机会向孩子解释捏着鼻子说话时声音改变的原因。

游戏配合

游戏名称：变声游戏

适用年龄：3~4 岁

游戏目的：训练孩子的听觉。

游戏方式：

Step 1

家长与孩子坐到一起诵读儿歌，同时检查孩子对儿歌的掌握程度。

Step 2

家长捏住自己的鼻子或者压低嗓子来为孩子读儿歌，吸引孩子的注意力。

Step 3

家长捏住孩子的鼻子，并且让他继续读儿歌，请孩子自己感受前后声音的变化。

☆家长观察笔记

05 提高儿童对音乐的感知能力

蒙台梭利老师怎么说

蒙台梭利老师说音乐教育是对儿童进行听觉训练的重要一关。因为音乐的声音可以唤醒儿童的节奏感，而节奏感又可以锻炼儿童的肌肉感觉，一举多得。

利用乐器培养儿童的节奏感的前提是挑选合适的乐器，蒙台梭利老师经过多次实验，最终敲定了合适的弦类乐器、铃铛以及鼓。

蒙台梭利老师认为在对儿童进行音乐教育之前，应该首先培养教师展现音乐的能力。比如，教师一定要面对着学生来演奏，同时还要通过各种肢体语言进行表达，包括姿势、表情、眼神等各个方面，从而将儿童的注意力吸引到自己的音乐上面来。

蒙台梭利老师建议在进行弹奏之前，教师首先应该蹲下身来，请儿童围到自己的身边，但是不限制他们的活动和自由。然后教师开始演奏自己手中的乐器，选取简单的节奏，儿童在走来走去，并且有意无意地附和着教师的演奏。

在这种对音乐感知能力的培养过程中，教师通过观察发现，不同的儿童倾向于不同的节奏，性格活泼的男孩喜欢什么样的音乐，安静沉稳的女孩喜欢什么样的音乐。

然后就根据不同儿童的不同性格选择不同节奏的音乐。

蒙台梭利老师的此种方式也是“适应性教育”的体现。

——摘自《蒙台梭利科学教育法》

专家解读

在孩子的幼儿时期训练他对音乐的感知能力并不是为了让他学习唱歌，也不是为了让他学会什么技巧，主要目的是培养孩子的节奏感、乐感，以及音乐素养、表达能力等。

训练孩子对音乐的感知能力，可以用到的方式有很多，比如，水钢琴、音阶、童谣等。当然也缺少不了让孩子唱歌这一环节。在训练时期让孩子唱歌，无论他是唱得走调还是跑调，都不要急于纠正他，家长可以在孩子唱罢之后，为他示范一遍正确的唱法。

孩子对音乐的感知能力和音乐素养是需要日积月累的，从节奏感逐步到对音乐的敏感程度，以及对旋律的把握。此外，家长还要注意的是，所有感觉能力训练都是要靠坚持和积累才会慢慢地有成效，所以在孩子尚未养成独立人格的时候，家长一定要坚持下来，把这些小的游戏和训练贯穿到生活中。

游戏配合

游戏名称：我们都是演奏家

适用年龄：3~4 岁

游戏目的：培养孩子的音乐素养。

游戏方式：

Step 1

家长在条件允许的情况下，准备一套辨音器（C 大调为准，7 个全音，5 个半音），在辨音器上随意选择一个音符，然后敲出音来，同时告诉孩子这是什么音，多重复几遍给孩子熟悉，其他的音符也用这种方式介绍给孩子。演奏完所有的音之后带领孩子合唱，也可以请孩子来尝试演奏，同时熟悉音符。

Step 2

准备简单的孩子乐钟，家长带领孩子敲打乐钟，使孩子熟悉 do、re、mi、fa、sol、la、si 这几个基本音符，家长与孩子共同敲打，与孩子一起感受音乐的魅力。

☆家长观察笔记

Part 4
儿童嗅觉的灵敏性

01 让儿童识别不同的气味

蒙台梭利老师怎么说

蒙台梭利老师在对儿童的嗅觉训练研究中，使用嗅觉筒进行实验。嗅觉筒，顾名思义就是由瓶子制作成的教具，每个瓶子里都盛上散发出不同气味的液体，比如，调料、果汁、肥皂水等，生活中所有可以散发出气味的东西都可以。

准备五六对嗅觉筒（一种气味的嗅觉筒准备两个，分别置于 A 桌和 B 桌），里面放着准备好的气味差异较大的液体。家长先向儿童示范如何正确使用嗅觉筒，然后从 A 桌拿起一个嗅觉筒，给儿童仔细闻一闻嗅觉筒里面的味道，然后再请儿童从 B 桌找出气味相同的嗅觉筒。如果儿童的回答有错误，那么家长就要通过合适的引导词语，来帮助儿童找到正确的答案。

蒙台梭利老师提醒家长在使用此种方式对儿童进行嗅觉训练的时候，选择的分辨气味的难易程度和分辨的数量要在儿童能力足够承受的范围之内，同时在制作嗅觉筒的时候，一定要注意儿童的安全，避免刺激性气味太大的气体刺激到儿童脆弱的嗅觉系统，这是所有家长时时刻刻都要注意的问题。

对于儿童嗅觉系统的训练不仅仅是在课堂上，在日常生活中，家长也可以根据自己手边的材料和儿童的实际情况来设计一些适合儿童的嗅觉筒，或者更容易引起儿童注意力的感官训练教具。在训练儿童分辨各种气味的基础上，再进行嗅觉灵敏程度的提升。

——摘自《蒙台梭利早教方案》

专家解读

食物的味道虽然千差万别，但是难免会有相近之处，也就是说，虽然食物的具体味道不同，但是有很多食物的味道是同系的，它们是有共同点的。所以在孩子感官逐渐发育成熟的时候，家长就要让孩子练习分辨和归纳不同的味道，分辨同系味道，同时对这个世界也有了更多的认知。

游戏配合

游戏名称：我们一起来闻闻

适用年龄：1~2 岁

游戏目的：训练孩子学会分辨气味，提升孩子的嗅觉灵敏程度。

游戏方式：

Step 1

家长准备好几种液体，比如，醋、可乐、

酸奶等。

Step 2

请孩子蒙上眼睛，分别闻一闻几种液体的气味。

Step 3

家长不要急于告诉孩子答案正确与否，引导他形容出自己闻到的气味然后加以补充，这样也在概念上加深了孩子对气味的认知。

☆家长观察笔记

02 学会辨别味道的浓淡程度

蒙台梭利老师怎么说

通过感觉练习，儿童就能对各种事物和刺激做出区分与分类。感觉练习是基于感官材料的，这些感官材料可以提供事物的各种不同的属性。例如，大小、形状、颜色、物体表面的光滑程度、温度、重量、声音的悦耳程度和味道的浓淡程度。

这些事物的属性是由物质所代表或由物质所呈现出来的，我们关注的正是这些物质所呈现出来的这些属性，而不是物质本身。

我们在日常生活中，可以找到很多物质来描述长与短、厚与薄、大与小、冷与热、轻与重、颜色深与浅等这些物质的属性。这种通过不同物质来表述物质的同一属性对于儿童智力中的秩序的建立是非常重要的。

当然，物质不仅有质的差别，同时也有量的差别。比如，物体有的高有的低、有的薄有的厚，声音有的高有的低，颜色有的深有的浅，物体表面的粗糙程度又会有差别等。

首先，我们要保证进行感觉训练的材料能达到区分事物的目的，儿童能够通过对材料的分析和比较判断出事物的不同；其次，我们提供给儿童感觉训练的材料要能够吸引儿童的注意力，并能够让他感觉到事物之间是有差异的；最后，儿童能够根据事物之间的差别大小进行有规律的排序，比如，将一系列深浅程度不同的颜色按一定顺序进行排列。

儿童有了分类和排序的能力之后，内心就不再处于混乱的状态。再学习新的知识，知识就不仅仅是单纯地储存在头脑中，而是会在头脑中进行知识的分类。知识按基本的顺序进行排列，头脑就再也不会处于混乱的状态之中。

儿童一旦具备了区分事物的能力，就能为他智力的发展奠定基础，于是他开始“认识”周围的事物。

儿童会发现天空是蓝色的，手是光滑的，窗户是正方形的，这些认知都会使儿童异常欣喜。但实际上，儿童并没有看见天空、手和窗户，他只是在大脑中发现了这些事物并将它们提取了出来。

这些知识的习得会使儿童的内在个性变得平稳，就像器官的协调配合使身体保持了平衡一样，这些知识也会带给儿童镇定的力量去对待他所面对的世界，并促使他在环境中进行新的尝试。

——摘自《发现孩子》

专家解读

蒙台梭利老师指出，孩子进行感觉训练其实是在为其智力发展打下基础。也就是说，孩子在早期教育中，感觉训练越到位，孩子在之后进行其他学习的时候就会越容易，而且感觉训练也会让孩子勇于去探索生活中的未知。

所以，家长就应该在早期家庭教育中重视对孩子感觉能力的训练，充分地就地取材，比如，可以利用乐高玩具进行事物大小、高矮识别等的训练。总之，家长要随时随地有意识地对孩子进行感觉练习，这是对孩子终生有益的事情。

游戏配合

游戏名称：甜不甜

适用年龄：2~3 岁

游戏目的：训练孩子能够分辨事物量的差别，为智力发展打下基础。

游戏方式：

Step 1

家长准备 4 个水杯并对其编号 1、2、3、4，4 个水杯中倒入相同量的水，并分别在 1、2、3 号水杯中加入两勺糖、一勺糖、半勺糖，4 号水杯中不加糖。

Step 2

打乱顺序，让孩子进行品尝，不要让孩子多喝，品尝到味道即可。

Step 3

让孩子对 4 杯水进行排序，从最甜到不甜。

Step 4

孩子排序正确，家长要对孩子进行鼓励，排序不正确则让孩子多训练几次。

☆家长观察笔记

03 训练儿童的嗅觉记忆能力

蒙台梭利老师怎么说

蒙台梭利老师在与儿童家长的沟通过程中，发现有很多家长都忽略对儿童的嗅觉训练，他们的普遍想法都是“嗅觉是会自己发展的，没有必要刻意地训练，像那些品鉴师、厨师才需要刻意地训练嗅觉，普通的孩子不需要这样”。

其实不然，对儿童的嗅觉训练在他们的成长过程中起到了非常积极的作用。嗅觉是我们每个人与生俱来的能力，儿童的嗅觉尚处在发展阶段，虽然经过训练之后，也不会有什么异于常人的表现，但如果平时家长不对儿童进行嗅觉训练，那么随着儿童年龄的增长，他们的嗅觉辨别能力就会变差，感知不到生活中出现的一些怡人的气味，同样察觉不到潜伏在自己身边的危险气体，日后儿童的生活也会因此而潜伏一些危险。

从这个角度来理解，蒙台梭利老师建议家长应多多对儿童进行一些有意义的嗅觉训练。

蒙台梭利老师虽然没有给出具体的实验方法，但是她建议家长在日常生活中多注意训练儿童的嗅觉能力。

——摘自《蒙台梭利早教方案》

专家解读

训练孩子的嗅觉感知能力主要是通过各种各样的蔬菜、水果，这样既保证了孩子的安全，同时也增强了孩子的生活能力。

孩子在成长的过程中，嗅觉远不如味觉发展得明显。但是嗅觉也在孩子感知世界的过程中起到了重要的作月，世界的某一个方面也是需要嗅觉来认知的。

我们知道，孩子的各项感官都很脆弱，所以在训练感官能力的时候，安全仍旧是第一位的。

游戏配合

游戏名称：闻一闻

适用年龄：1.5~3 岁

游戏目的：锻炼孩子的嗅觉感知能力。

游戏方式：

Step 1

家长准备好一些蔬菜、水果，并且清洗干净，比如，青椒、韭菜、蒜薹、菠萝、榴莲等气味特征明显的果蔬。

Step 2

先让孩子独自去闻这些蔬菜、水果的味道。

Step 3

将孩子的眼睛蒙上，然后再拿给他们蔬菜、水果，使之一边闻味道，一边猜它们的名字。同时家长可以适当地增加难度并提出一些问题，比如，让孩子说是什么颜色的、什么形状的来进行拓展训练。

☆家长观察笔记

04 准确识别危险的气体

蒙台梭利老师怎么说

蒙台梭利老师认为，在提升儿童嗅觉敏感程度的同时，也要加强对儿童嗅觉辨识能力的训练，也就是训练儿童对危险气体的识别能力。

首先，要帮助儿童认识危险气体。比如，煤气的气味、毒气的气味、腐烂食物的气味，因为儿童的年龄尚小，所以不要求他们能够分辨这些危险气体的性质，只需他们有一个简单的认知，知道在闻到那些气体的时候就应该主动地离开。其次，给予儿童一个对各种气体的正确认知，好闻的东西不一定就是好的东西，而不好闻的东西也不一定是有害的，对于闻到的不同的气体都能够正确对待。最后，在训练儿童分辨危险气体的过程中，要增强其对一些生活中容易出现的、味道不是很刺激但是却有危险的气体的识别。

蒙台梭利老师建议家长在训练儿童的感官能力的同时，也要帮助儿童识别对应的颜色、气味，这有利于提升儿童在成长的过程中对未知事物的辨别能力。因为在儿童的成长过程中，他们需要去辨别的东西很多，而嗅觉能力能够对儿童通过感官辨别事物起到不可忽视的作用。

——摘自《蒙台梭利早教方案》

专家解读

家长除了对孩子进行嗅觉敏感程度的提升之外，还要培养孩子分辨有毒气体的能力。所以家长要寻找一些游戏来帮助孩子感知生活中的危险气体。

生活中的危险气体存在于方方面面，煤气、燃气、汽车尾气，还有发霉的衣物以及变质的食物等，要让孩子对这些气体有基本的认知。

所以，我们设计这个游戏不单单是为了提高孩子的嗅觉敏感程度，更多的是为了帮助儿童记忆生活中的危险气体，增强保护自己的能力，以便于在遇到这些危险气体的时候能够及时避开。

游戏配合

游戏名称：这个气味真危险

适用年龄：1.5~3 岁

游戏目的：在锻炼孩子的嗅觉敏感程度的同时训练孩子学会识别危险的气体。

游戏方式：

Step 1

家长事先准备好一些变质的食物或者

发霉的衣服，也可以使用家里的燃气。

Step 2

家长带领孩子试着闻一闻变质的食物以及发霉的衣服的气味，同时带领孩子到厨房闻一闻燃气的气味，在闻味道的同时，家长在一旁给孩子灌输一些概念，食物以及衣服为什么会出现这么奇怪的气味，告诉他们这种气味的产生原因以及危险性。

☆家长观察笔记

Part 5
儿童味觉的激发

01 激发儿童对不同味道的认知

蒙台梭利老师怎么说

激发儿童对不同味道的认知以及各种味道带来的千差万别的感官体验之后，会使儿童在味觉上的认知更加清晰和通透。而且儿童在出生时期的味觉中枢神经与神经末梢已经发育成形，所以对儿童进行适当的味觉训练是有效地帮助儿童认知这个世界的途径。

科学研究表明，人的味蕾要在一定的湿度条件下才能发挥其最大的能力。所以研究得出结论，婴儿的味蕾会比成人的更加敏锐。婴儿会有这样一个习惯，不管抓到什么东西都会放到嘴里，他们尝到喜欢的味道的时候会表现得开心和欣喜，在尝到不喜欢的味道的时候也会皱眉或者吐出来。这个时期的儿童只是对甜味、苦味有剧烈的反应，对咸味可能没有什么感觉，因为他们这个时候味觉系统的认知还不够完善。但是，这个时候他们已经有了去品尝味道的意识了。所以科学训练儿童的味觉，对他们今后的成长有着重大的意义。

而且蒙台梭利老师认为，虽然嗅觉和味觉看似相近，但是味觉训练难度远远大于嗅觉。

——摘自《蒙台梭利早教方案》

专家解读

训练孩子的味觉也要从婴儿抓起，所以建议最早可以通过果泥或者不同味道的果汁来训练孩子的味觉。

果泥作为婴儿的辅食，可以提早加深孩子对水果的认知和接纳，中国的很多家长选择用果泥来给孩子做辅食，同时保证了孩子维生素的摄入量。虽然家长会费尽心思地选择各种水果制成果泥来给孩子食用，但是因为一次只给一种，所以所有的果泥在孩子的眼中都是一样的，虽然会有酸有甜，但是并没有太大的区别，这就起不到激发孩子味觉的效果。所以建议家长尽可能一次性地多给孩子品尝不同味道的果泥，帮助他们感知不同的食物的不同味道，同时激发孩子的味蕾。

游戏配合

游戏名称：品尝不同味道的果泥

适用年龄：6 个月以上

游戏目的：激发孩子的味蕾，灌输给他们“不同的食物有不同的味道”的概念。

游戏方式：

Step 1

家长制作不同味道的果泥，比如，香蕉果泥、菠萝果泥、草莓果泥、橙子果泥等。

同时准备好温水，在孩子该进食的时候给他们品尝。

Step 2

先给孩子品尝一种果泥，然后观察他的反应，同时告诉他这个是由什么水果制成的和该水果的味道。然后用温水给孩子漱口，继而品尝下一种果泥。

☆家长观察笔记

02 提高儿童的味觉敏感程度

蒙台梭利老师怎么说

在课堂上，一些教师习惯用记忆法来向儿童直观地展示事物的特征，以达到增加儿童感官印象的目的。这样的教师不会去讲不存在的事物，不会去进行想象教育，而是采用实际的事物去做说明，这也是为了培养儿童区分不同事物的能力。

之前，我就在其他幼儿园听到过一个教师向孩子们讲一堂关于咖啡的实物课。那位教师为了让孩子们对咖啡有深刻的认知，不仅讲到了咖啡豆的颜色、味道和形状等特点，还讲到了咖啡豆是如何从欧洲国家运过来的。

教师为了让孩子们明白咖啡的味道，精心地设计了游戏环节。他现场磨制咖啡豆，学生在此过程中，观看到了教师是如何点燃酒精灯，水是如何烧开，怎样把水倒进研磨好的咖啡粉上，最终过滤出来可以喝的咖啡。

当然，关于咖啡我们有很多知识可以讲，除了这位教师讲到的，我们还可以讲咖啡因是如何被提取出来的、咖啡的作用等。

但是面对这些混乱的知识，孩子们能记住的其实十分之少。因为知识比较杂乱，儿童在记忆时是有难度的。我们承认事物的属性有很多种，但是如果教师在讲课时不分重点，不拿出事物的一个属性进行讲解，不能让儿童在脑海中形成固定的认知，那么这堂课是失败的，是没有重点的，儿童的思绪早就飘到了九霄云外。

这种授课方式就像一盆水洒了出来，四周都是，但都起不到任何作用。我们如果想让儿童知道咖啡的味道，那么就不要去讲咖啡的历史等知识，因为这不是这堂课的重点。而是要把不同的饮料端过来，让儿童对不同物质的同一属性进行系统的认知，让儿童在脑海里形成秩序，儿童自然就会了解到：哦，原来咖啡是这个味道，其他的都不是咖啡的味道。当再次喝到某种饮料时，他就可以判断这到底是不是咖啡。这种脑海中的秩序感对儿童来说十分重要。

——摘自《儿童的自发成长》

专家解读

在家庭教育中，家长也要注意，孩子的记忆力是非常有限的，讲解的知识理论太杂乱，对孩子来说毫无意义。所以，家长要利用足以引起孩子正确联想的事物对孩子进行味觉训练，不能在讲味觉的时候掺杂太多杂乱的知识，引起孩子错误的联想。就像蒙台梭利讲到的那类教师，如果我们对孩子进行提问：咖啡是什么味道的？孩子可能会联想到咖啡豆如何漂洋过海来到这里，而并不能正确想起咖啡的味道。

游戏配合

游戏名称：尝尝看

适用年龄：3~4 岁

游戏目的：提高孩子的味觉敏感程度，为智力发展打下基础。

游戏方式：

Step 1

家长分别用不同的杯子冲泡适量的柠檬水、橙汁、苏打水、碳酸饮料。

Step 2

分别给孩子喝这些饮料并告诉他们这些饮料都是什么。

Step 3

孩子能够记住后，随便拿一杯饮料给他，并让他说出所喝的是什么饮料。

☆家长观察笔记

03 对酸、甜、苦、辣、咸的认知

蒙台梭利老师怎么说

如果想让儿童区分不同味道之间的差异，首先就要让儿童了解几种基本的味道，即酸、甜、苦、辣、咸。甜味和咸味会让儿童兴奋与愉快，而苦味则是作为经验给儿童尝试，这几种基本的味道就可以激起儿童对不同味道的兴趣。

我建议幼儿教师在儿童吃过午饭之后对儿童进行几种基本味道的认知培养。让儿童用舌尖来接触不同的味道，在品尝过味道后独自去漱口，也是对儿童自立能力的培养。

在蒙氏教育法中，专门有一种为训练儿童的味觉而准备的教具——味觉瓶。味觉瓶的直接意义就是训练儿童对味道最基本的认知，激发儿童对不同味道的兴趣，同时也旨在提高儿童对味道的判断能力。

蒙氏的味觉瓶共有 5 对带有滴管的小瓶，也就是 10 个。每一组的小瓶内都盛上酸、甜、苦、辣、咸的液体。幼儿教师先向儿童介绍如何进行接下来的活动，然后请儿童先用温水漱口，然后再开始品尝瓶中的液体，在每品尝一个之后，都要用温水给儿童漱口，再品尝下一个。如果儿童发现两个瓶中的味道是一样的，或者是相似的，儿童就可以再进行比较，然后确定出味道相同的两个瓶子。这样进行多次的练习，儿童就会逐渐熟记酸、甜、苦、辣、咸的味道。

同时也要提醒家长，在对儿童进行这个训练的时候，首先要保证给儿童进行品尝的味道是不刺激的、安全的、卫生的，比如，在保证苦味的基础上对它进行适当的稀释。

——摘自《蒙台梭利早教方案》

专家解读

在给孩子品尝酸、甜、苦、辣、咸这类刺激性味道的时候，家长要尤为注意这些味道的浓淡程度，孩子的味蕾相较成人来说脆弱很多，所以家长应该在保证原味道的情况下，对其进行适当的稀释。同时在给孩子品尝这些味道的时候，不仅要时时给孩子用温水漱口，也应该有一个时间上的间隔，每品尝完一种味道，就让儿童的味觉调整一下。

游戏配合

游戏名称：食物吃吃看

适用年龄：2~3 岁

游戏目的：通过品尝各种味道的食物，让孩子对几种基本味道有所认知。

游戏方式：

Step 1

家长准备好包括酸、甜、苦、辣、咸各种味道的食物。

Step 2

一天进行一种到两种味道的品尝，并告诉孩子这个食物是什么味道。

Step 3

第二天开始游戏的时候，要先对孩子进行提问："前一天吃的是什么味道的食物？"以此来加深他对味道的认知。

☆家长观察笔记

04 提高味觉的精准度

蒙台梭利老师怎么说

儿童味觉的精准度的练习其实就是在体验不同食物的味道的基础上，对味觉再加以强化和激发。

科学研究表明，儿童的味觉在出生6个月的时候就已经近乎发育完全了，所以对儿童的味觉训练应该及早进行。6个月到1岁半是最适合训练儿童味觉能力的时期，在初期可以进行对不同味道的感知训练，在后期则可以加强训练的广度，如拓展味道的种类。

——摘自《蒙台梭利敏感时期早教手册》

专家解读

中国民间流传着这样的说法，让孩子在1岁之前尝遍所有的味道，他们长大之后就不会挑食。当然这只是民间说法，并无科学依据，但是让孩子在幼年时便多多接触味道却是很重要的一件事情，这既锻炼孩子的味觉能力，又能够激发孩子的食欲，在一定程度上还能促进孩子语言能力的发展，一举多得。

游戏配合

游戏名称：看图说味道

适用年龄：3~4 岁

游戏目的：通过游戏来让孩子了解不同食物的不同味道。

游戏方式：

Step 1

家长准备不同食物的图片，食物最好是孩子日常吃过的。

Step 2

可以拿着图片对孩子提问："这是什么食物？它是什么味道的？"也可以给出味道，让孩子做出选择。

Step 3

如果孩子回答出来就给予鼓励，回答不出的最好把食物拿出来，让孩子进行品尝之后再对其进行提问，若还是回答不出就直接提醒孩子。

☆家长观察笔记

Part 6
儿童触觉的拓展训练

01 给予儿童冷热触感的体验

蒙台梭利老师怎么说

对于冷热的感知，蒙台梭利老师建议可以从帮助儿童洗澡或者平时洗脸、洗手的时候开始引导，让儿童感受什么是冷、什么是热。

蒙氏教育在训练儿童的冷热触感的时候，制作了专门的教具——温觉板。使用温觉板的目的就是加强儿童对冷热温度的感知能力和分辨能力，同时拓展儿童的词汇量，比如，冷、凉、热、烫等。

温觉板包括大理石、软木板、玻璃等不同温度的物品，每个温觉板都准备两个，对应地分成第一组和第二组。先将这些物品介绍给儿童认识，然后将这些温觉板打乱顺序搁置于桌子上，再由教师引导儿童闭上眼睛，去触摸这些温觉板。在触摸温觉板的过程中，教师引导儿童用掌心轻轻触碰温觉板，并感受它所带来的温度。在接触完第一组温觉板之后，再由教师引导儿童去接触第二组温觉板，直到儿童将对应的温觉板匹配成功。

蒙台梭利老师建议家长可以多次通过这个方法来训练儿童对冷热的触感。

——摘自《蒙台梭利早教方案》

专家解读

之所以会经常出现孩子被烫伤的事情，是因为他们对于冷或热的感知不够明显。为了避免这种情况的发生，家长就要提早对孩子进行冷与热的感知训练，防患于未然。

在对孩子进行感知训练的同时，家长也要注意冷水和热水的温度。太热的水会烫伤孩子，太凉的水也会冻伤孩子，所以要事先调好水的温度。

游戏配合

游戏名称：洗洗小手

适用年龄：1.5~2 岁

游戏目的：训练孩子的冷热触感，增加孩子的触觉敏感程度。

游戏方式：

Step 1

给孩子准备 3 个水温不同的水盆：常温水、冰水、温热的水。

Step 2

让孩子先将手放入冰水中，然后放入常温水中，最后再放入温热的水中。

Step 3

询问孩子对每种水温的感受。

☆家长观察笔记

02 让儿童感受厚薄的不同

蒙台梭利老师怎么说

在蒙氏教育法中，蒙台梭利老师专门设计了一套训练儿童对“薄厚”认知的教具，名为“棕色梯”。

棕色梯是由 10 个从薄到厚的四棱柱组成的，棱柱高统一是 20 厘米，最大的四棱柱的底边长是 10 厘米，然后依次递减，最小的底边长是 1 厘米。儿童在摆放这些棱柱时，教师或者家长要在一旁提醒儿童注意摆放的顺序，要求儿童按照从厚到薄的顺序依次摆好，同时也要注意摆放的美观性。

这些棱柱如果是严格地按照厚薄顺序摆好了，应该是呈一个宽的楼梯的形状，楼梯最底端很宽，越向上看去，楼梯越窄。倘若儿童摆放得有错误，那么呈现的就是一个不规则的物体，这时，教师或家长就应该加以引导，让儿童主动改正。

——摘自《蒙台梭利科学教育法》

专家解读

厚薄的概念相对来说是比较容易被理解的，如何被理解的过程也很重要。在孩子的世界里，任何事物都没有一个绝对的概念，所以触觉的感受是他们的基本认知。

游戏配合

游戏名称：摆摆木块

适用年龄：2~3 岁

游戏目的：让孩子感受不同厚薄程度的物品，增强孩子触觉的区分能力。

游戏方式：

Step 1

给孩子准备一些大小和厚薄程度不同的木块，大的木块厚一些，小的木块薄一些。

Step 2

让孩子按照厚薄程度，将所有的木块堆积起来。

Step 3

家长在孩子出现错误的时候，要及时给予引导和指正。

☆家长观察笔记

03 轻重所带来的直观感受

蒙台梭利老师怎么说

蒙台梭利老师对于儿童如何感知重量也提出了独到的见解。

蒙台梭利老师针对儿童对轻重感的体验而专门设计了“重量板”。重量板就是专门挑选的大小不同的木板。训练的过程也十分简单，请儿童根据掂量的轻重程度将打乱顺序的木板分为两组，也可以用一个物品做参照，比如，比故事书重的就放在左边，比故事书轻的就放在右边。

儿童在最开始做训练的时候，势必会犯一些错误。这个时候，不管是家长还是教师，都不要急于指出正确的答案，而是通过引导，让儿童自己去纠正自己的错误。随着儿童对这一训练的逐渐适应，就可以逐渐增加重量板的数量。

蒙氏的触觉训练过程以及训练方法都较为简单，但是需要反复的练习和多次的实践，在训练的过程中，根据儿童的实际情况做出相应的调整。同时，蒙台梭利老师也建议家长以及幼儿教师发挥自己的想象力和创造力，设计出一些富于趣味性的游戏，来让感官训练变得更加有趣。

——摘自《蒙台梭利早教方案》

专家解读

轻重的训练就是为了让孩子直接感知重量和轻与重之间的差异，对轻重没有概念的孩子会经常因为够东西而被砸伤，所以轻重的概念训练是为了让孩子学会辨别轻重和保护自己，同时也可以锻炼孩子的肢体力量。

游戏配合

游戏名称：分轻重

适用年龄：2~3 岁

游戏目的：让孩子感受不同重量的物品带来的轻重感受，来达到训练孩子感官能力的目的。

游戏方式：

Step 1

给孩子准备一些颜色不等、大小不同的木块。

Step 2

让孩子随便拿起两个木块，掂一掂轻重。

Step 3

指引孩子将那些木块按照轻重的不同进行排序。

☆家长观察笔记

04 粗细触感之间的差异

蒙台梭利老师怎么说

触觉训练包括对粗糙、细腻感觉的认知，通过触摸感受物体表面的粗糙或者光滑的性质来感受不同物品之间的触感差异。而粗糙与细腻是儿童在最开始接触外物的时候会产生的两种感觉，随着儿童年龄的增长，这两种触感对于儿童在成长过程中的感觉能力的发展都有着非常重要的意义。

触觉训练同时也有利于儿童的手指灵活性的发展。而对于粗细的感知训练，蒙台梭利老师对小朋友做了这样的引导：先请小朋友闭上眼睛，目的是完全利用触感来感知物品。在小朋友蒙上眼睛之后，蒙台梭利老师引导他，手也可以做自己的眼睛，这样儿童即使处在黑暗中也不会有心理压力。教师牵着小朋友到自己的身边，让他触摸自己的手或者自己的衣服，如果是丝绸质地或者带有刺绣、印花的衣服就更好了，这是儿童初步感受粗糙的感觉与细腻的感觉。

蒙氏教育还有这样一个针对性的训练，训练的教具非常简单——相等数量的砂纸和电光纸，以及 3 块厚度相等的薄木板。训练的过程也很轻松，首先，教师用电光纸将一块木板包裹起来，然后再用砂纸将另一块木板包裹起来。接下来，先引导儿童触摸第一块木板，让他体会木板原本的触感；然后再去触摸包裹着电光纸的木板，告诉儿童，这就是光滑、细腻的感觉；同样地，再触摸包裹着砂纸的木板，告诉儿童这种感觉就是粗糙。在儿童多次触摸感知之后，再请儿童蒙上眼睛，让他独立判断粗糙与细腻的木板。

——摘自《蒙台梭利早教方案》

专家解读

触觉神经是神经组织中重要的存在，没有了触觉神经传递信息，神经系统就会像计算机中的病毒一样，导致系统崩溃。世间万物带给我们的感受不尽相同，孩子通过触摸感受，会在脑海中形成一个对外物感觉的基本概念，这也为孩子的记忆力打下基础。

游戏配合

游戏名称：摸一摸、磨一磨

适用年龄：1.5~2 岁

游戏目的：让孩子学会辨认光滑与粗糙的物体，通过触摸提高孩子的触觉敏感程度。

游戏方式：

Step 1

给孩子准备两个不同的木块，一个光滑，一个粗糙。

Step 2

让孩子先后触摸两个不同的木块，并说出触摸后的感受。

Step 3

可适当增加一些其他物品，比如，玻璃杯、磨砂制品、粗陶制品等，让孩子进行粗糙程度的排序，来达到增强触觉感受的目的。

☆家长观察笔记

05 让儿童通过触感分类物品

蒙台梭利老师怎么说

引导儿童通过触感分类物品，是为了引导儿童对不同形状的认知。蒙台梭利老师采用了德国幼儿园创始人和教育改革家福禄贝尔的教具——正方体和长方体。

在请儿童正式地独自触摸之前，蒙台梭利老师强调向儿童进行细致的、简短的说明和解释，强调正方体在左手边，长方体在右手边，目的是加强儿童对形状的观察和记忆。在儿童经过一段时间的触摸和记忆之后，蒙上儿童的眼睛，正式开始进行触摸分类。

正方体和长方体的数量在 20 块左右，所以这个触摸回忆的过程，也是培养儿童集中注意力的机会，在公布答案的时候，儿童会因为自己的正确答案而骄傲。

蒙台梭利老师曾经接触过一个 3 岁的女童，这个女童是班级里年龄最小的，但是她每次都可以快速并准确无误地完成触感训练。这个女童的触摸过程很有智慧，因为她有的时候会同时抓住两个教具进行触摸识别，应该是在做比较。蒙台梭利老师说她在观察这个女童的过程中发现，女童的动作很迅速，判断能力也很敏锐，她在同时抓起两个教具触摸的时候，如果发现两只手的物品不同，就会立刻调换，而同时，她也已经知道了自己手中拿的是什么东西。

处在三四岁阶段的儿童左手和右手的敏感程度是相同的，但是随着年龄的增长，会一点点地变得不均衡。所以要多对儿童进行触摸感的训练，同时也能够增强左右手的敏感程度。

蒙氏教育中有一个名为“神秘袋”的训练法十分有效，神秘袋是一个装有正方体、圆柱体、圆锥体、球体等物品的口袋，在儿童进行触摸和感知之前，由教师先为儿童介绍每种物品的名称，再将其放入袋子里，由儿童摸取、识别。神秘袋的用法可以很随性，还可以放进去一些水果，或者是手边的小的生活用品，如手机、遥控器等。灵活多变的蒙氏教育法会带给儿童很多乐趣。

——摘自《蒙台梭利早期教育法》

专家解读

通过触感分类物品的能力孩子越早学习越好，这种方法也带有很大的“猜谜的性质”。所以通过触感来分辨物品，在孩子看来更像是一个神秘的游戏。家长可以多多利用身边的物品来训练孩子的触感。

游戏配合

游戏名称：摸摸布料

适用年龄：2~4 岁

游戏目的：全面训练孩子手部的触觉判断能力，提高孩子对软和硬的认知。

游戏方式：

Step 1

给孩子准备几种不同的布料，可以是丝绸、天鹅绒、棉布、针织物等，每种布料准备两块。

Step 2

先让孩子触摸不同的布料，获得初步的触觉感受。

Step 3

蒙住孩子的眼睛，让他根据触感将不同的布料与其名称进行配对，找出触感相同的布料。

☆家长观察笔记

Part 7
系统的儿童感官训练

01 对儿童分辨能力的训练

蒙台梭利老师怎么说

科学研究表明，儿童的视觉能力在所有的感官系统中是最为敏感的。在儿童刚刚来到这个世界上的时候，他们就是通过眼睛来观察这个世界的，所以儿童对于视觉所传递的信息格外敏感。成人也会有这种感觉，我们在受到外界环境的刺激时，视觉的反应是最为敏感的。蒙台梭利老师也对这一点了然于心，所以在蒙氏教育法中，对视觉的训练耗时最久。

儿童的视觉能力主要是用于分辨物体的形状、颜色、大小、高矮、远近、长短等。所以针对这些特质，蒙台梭利老师专门准备了相应的教具和方法。

在训练儿童的视觉能力的时候，蒙台梭利老师建议在初步训练儿童视力时，选择的教具以及颜色都要以大和醒目为主，同时多给儿童灌输不同的颜色名称，这有助于他们在成长过程中视觉空间感知能力的发展。

——摘自《蒙台梭利早教方案》

专家解读

孩子很喜欢有关找东西的游戏，所以家长可以利用这一特质，随时随地地训练孩子的分辨能力。比如，在熟悉的路上，让孩子辨识回家的道路，街道上的牌子、公园里的长椅、几棵树，这都会成为他们分辨回家的道路的线索。

当孩子发生分辨错误的时候，家长也不要急于纠正，要相信孩子的记忆力和分辨能力。

游戏配合

游戏名称：带妈妈回家

适用年龄：3~6 岁

游戏目的：扩大孩子的观察范围，提高孩子对周围环境的分辨能力。

游戏方式：

Step 1

带孩子出门，在家附近的位置让孩子为家长指出回家的道路。

Step 2

当孩子指对道路时，要询问孩子是凭什么参照物来记住这条道路的，加深他的记忆。

Step 3

当孩子指错道路时，要引导他回忆来时的道路，提醒他那些标志性的事物。

☆家长观察笔记

02 加强儿童听觉的训练

蒙台梭利老师怎么说

蒙台梭利老师在对儿童听觉训练的过程中，说过这样一句话：“我是这样安排听觉课程的，我和幼儿教师先请儿童安静下来，然后我的工作就是——把此刻的安静导入更为深沉的境界中去。”蒙台梭利老师在《发现孩子》中提到，儿童从两岁开始，各种感官能力就进入了敏感时期，他们会尤其注意各种声音。所以此时开始对儿童进行听觉训练是非常有效果的。而蒙氏对于听觉训练教具还包括音感钟和杂音筒。家长以及教师可以从这里面选择最适合儿童的教具。

——摘自《蒙台梭利早教方案》

专家解读

孩子对声音的变化是很感兴趣的，家长可以抓住孩子的兴趣点来拓展其对声音的认知。

在对孩子进行声音拓展训练的时候，家长可以着重训练一下孩子的纪律感，即听到什么样的口令就做什么样的动作。

人类的各项能力是“用进退废”的，所以对孩子的感觉训练势在必行。

游戏配合

游戏名称：钟表小实验

适用年龄：2~5 岁

游戏目的：提高孩子听觉的敏感程度，强化孩子的纪律感。

游戏方式：

Step 1

准备一个小闹钟和一个安静的环境。

Step 2

和孩子一起安静地坐好，将小闹钟放在孩子身边。

Step 3

让孩子闭上眼睛，安静地倾听闹钟的声音，直到能够清楚地听到秒针发出的声音。

Step 4

从不同方向轻声呼唤孩子的名字，询问孩子声音的来源方向，观察孩子是否能够做出正确反应。

☆家长观察笔记

03 对儿童进行特殊气味识别训练

蒙台梭利老师怎么说

提高儿童的味觉敏感程度，也就是提高儿童在味觉方面的区分能力和对不同气味的识别能力，这需要不停地对儿童进行系统的训练。

儿童通过大量的对比和分析练习之后，就可以培养自己准确把握两种气味之间各自特征的能力，接着他会逐渐熟悉同一属性不同气味之间的差异，而这种能力就是智力发展的基础，也是儿童成长的必经过程和必备因素。

——摘自《儿童的自发成长》

专家解读

特殊气味不仅仅是指危险的气味，还有我们生活中存在的、在食物之外的气味。比如，油漆的气味、冰箱的气味、卫生间的气味、被子晒过的气味等。建议家长训练孩子识别这些气味，目的是加强孩子对生活的感知和感受。

游戏配合

游戏名称：干爽的气味

适用年龄：2~4 岁

游戏目的：指导孩子辨认干净的和脏的不同气味。

游戏方式：

Step 1

准备三件干净的衣服和一件脏的衣服。

Step 2

让孩子先闻一闻干净的衣服，并且告诉他，这个气味是干净衣服的气味。

Step 3

让孩子从其他衣服中挑出气味不一样的衣服，告诉他那是脏衣服的气味，是需要清洗干净才能穿的。

☆家长观察笔记

04 训练儿童对味道广度的接受

蒙台梭利老师怎么说

优秀的味觉功能也有利于帮助儿童提升其他的感官能力。蒙台梭利老师通过研究得出结论：刺激儿童的味蕾，多品尝不同食物的味道，有助于儿童味觉能力的全面发展。

有很多家长会依据自己的口味去为儿童准备食物，自己喜欢甜的味道，就经常给儿童准备甜的食物。但是一味地给儿童品尝一种食物的味道，会阻碍他们对其他味道的认知，而且有很多甜食都是被层层加工过的，这样的食物中含有保鲜剂和防腐剂，对儿童娇弱的感官是有刺激的，所以家长应该尽量不要给儿童吃太多加工过的食物，最好是原汁原味的食物。

在给儿童烹煮食物的时候，可以适当地添加一些茴香、韭菜、香菜、洋葱等香味特殊的蔬菜，来增添食物的味道。

蒙台梭利老师也建议家长应注意儿童口味的均衡。

——摘自《蒙台梭利早教方案》

专家解读

对孩子来说，他们对所有的味道都充满着好奇，很多时候，家长对孩子说："这个太辣了，你不能吃！""那个太咸了，你不能吃！""这味道不适合小孩子！"但是家长这样的阻拦反而会激发孩子的探索欲望。所以家长不要急于告诉孩子什么能吃、什么不能吃，应该让他们自己去感受这种味道。自己体验过会比万字的道理来得更有用，这样才是对孩子最好的教育。

游戏配合

游戏名称：食物猜猜猜

适用年龄：2 岁以上

游戏目的：帮助孩子体验不同的食物的味道，提高孩子的味觉敏感程度。

游戏方式：

Step 1

家长准备好不同的食物，如水果、蛋糕等，并切成小块，最好是未经过太多加工的原味食物。根据孩子的年龄来决定食物的类型和数量，并且准备好漱口的温水。

Step 2

逐一拿食物给孩子品尝，先引导孩子说出食物的味道——是酸的还是甜的，是热的还是凉的。如果孩子的回答是正确的，家长就要给予适当的表扬和奖励。如果孩子的答案是错误的，家长则要引导他说出食物带来的感受，慢慢向正确答案靠拢。

Step 3

品尝过一种食物之后，要用温水漱口，再品尝下一种，这也能帮助孩子养成保护牙齿的好习惯。

☆家长观察笔记

05 体会不同物品之间的触感差异

蒙台梭利老师怎么说

让儿童体会不同物品之间的差异是蒙台梭利实体感觉教育的一种方法。在实体感觉训练的过程中，儿童可以接触不同的事物，感受来自不同对象的刺激，清晰地认识到不同的事物所带来的感官体验。这样做的优势在于能够在训练的过程中，激发儿童的兴趣和热情。

蒙台梭利老师曾经在“儿童之家”利用几何插件教具以及三大系列教具，进行过多次的触摸训练。儿童蒙住眼睛，然后拿起眼前的几何插件进行触摸训练，他们在蒙住眼睛之后，小心翼翼地接触圆柱体和插孔，一点点地去触摸物品的轮廓，从物品的顶端到物品的底部，一个细节都不会放过。在得出正确的答案之后，他们会激动地大喊：“我的手也是我的眼睛啊！我可以不再需要眼睛了嘛！”蒙台梭利老师和他们开玩笑地说：“可是，如果我们把眼睛拿出去，那么我们还可以正常生活吗？”

混乱放置的几何插件很容易干扰儿童的辨别结果，但是儿童似乎对这种体验更加感兴趣。蒙台梭利老师说儿童的进步是令人难以预料的，同时也是会给人惊喜的。当孩子通过触感准确地识别了物品之后，他们会感到十分骄傲和自豪，会燃起对这个世界的兴趣。

专家解读

孩子通过触摸来辨别物品的意义深远，它可以上升到思维建立三维立体图形的领域。科学研究也表明，小时候没有学会建立三维立体思维能力的孩子，长大之后对几何数学方面的理解能力较差。所以家长应该将这个问题重视起来。

在做这个训练的时候，家长应该注意孩子触摸的物品首先要没有明显的气味特征；其次干净安全，要注意对孩子的保护。

游戏配合

游戏名称：触摸游戏

适用年龄：3~6 岁

游戏目的：全面训练孩子的触感判断能力。

游戏方式：

Step 1

准备一个纸箱，箱子中可以先放入孩子比较熟悉的物品。

Step 2

蒙住孩子的眼睛，让他在纸箱中触摸，让孩子猜猜他摸到的是什么物品，并且根据这些物品的不同从触感上进行分类。比如，毛绒玩具放一组，光滑的塑料玩具放一组等。

☆家长观察笔记

后记

从北京师范大学毕业后一心致力于教育事业，如今如愿实现。每天，当我站在教室，面对一张张质朴的脸庞，授予他们知识时，我都倍感荣耀。

俗语说“十年树木，百年树人”，果然如此。每每和学生们在一起，或是探讨问题，或是一起参加体育活动，我都能从他们身上感受到一股朝气蓬勃的力量。同时也深知自己作为学生们的榜样，肩膀上的责任重大。

在教学过程中，每个教师、家长都会遇到问题，无论是教学方法方面的，还是学生个人方面的，我想大多数人都为此感到头疼、不解。我也遇到过这些问题，所以总是翻开书籍，希望能从中找到解决之法。

当我翻开蒙台梭利文集时，内心就被这位慈祥的教育学家的思想和心得深深折服，她不愧为“20 世纪最伟大的科学与进步的教育家”。她在文章中提到的很多观点，值得今天的我们拿出来细细研究，我想这也有可能是未来教育改革所不可缺少的参考；她提出了很多教学方法，我认为这些论述对学生的教育也是很有帮助的。所以，我和众多教育工作者探讨了这个问题，并决定从蒙台梭利的论述中提取若干可以帮助学生进步的方法，希望对学生和教育工作者有所启发与帮助。

在探讨观点和实验教学方法的过程中，我们遇到了诸多困难，但都一一克服，力争把最好、最全面的观点和方法呈现出来，以供家长和孩子们练习。在此感谢所有参

与编辑此套书籍的工作人员，一并感谢帮助出版此书的有识之士，感谢你们为教育事业所做的贡献！

我们都以一颗赤诚的心，将精力奉献给祖国未来的花朵，我想这将是利国利民的实事、好事。人们总把教师称为“人类灵魂的工程师”，此刻我由衷地认为任何对教育有帮助、有贡献的人都应享此荣誉。

最后，作为一名受家长信赖、受社会大众委任的人民教师，我将继续义无反顾地投身于教书育人的事业，与同事将这些新的教育方法运用在教学过程中，并不断地总结经验，力图能像蒙台梭利所述的那样，让孩子们在自由中成长，在学习中进步，在教育中成才。

唐玉芸

蒙台梭利

家庭快乐课堂

培养生活习惯的30个亲子游戏

[意]玛丽亚·蒙台梭利_著
唐玉芸_编译

0~6岁

西苑出版社
XIYUAN PUBLISHING HOUSE
·北京·

图书在版编目（CIP）数据

蒙台梭利家庭快乐课堂.情商专辑.培养生活习惯的30个亲子游戏:0～6岁/(意)玛丽亚·蒙台梭利著;唐玉芸编译.-- 北京:西苑出版社,2021.3

ISBN 978-7-5151-0778-3

Ⅰ.①蒙… Ⅱ.①玛… ②唐… Ⅲ.①习惯性—能力培养—学前教育—教学参考资料 Ⅳ.① G613

中国版本图书馆 CIP 数据核字（2020）第 261853 号

蒙台梭利家庭快乐课堂.情商专辑.培养生活习惯的30个亲子游戏:0～6岁

MENGTAISUOLI JIATING KUAILE KETANG. QINGSHANG ZHUANJI. PEIYANG SHENGHUO XIGUAN DE 30 GE QINZI YOUXI: 0～6 SUI

责任编辑	汪昊宇　刘　崴
装帧设计	仙　境
出版发行	西苑出版社 XIYUAN PUBLISHING HOUSE
地　　址	北京市朝阳区和平街 11 区 37 号楼　邮政编码：100013
电　　话	010-88636419
印　　刷	三河市东兴印刷有限公司
开　　本	880mm×1230mm　1/24
字　　数	117 千字
印　　张	5.75
版　　次	2021 年 4 月第 1 版
印　　次	2021 年 4 月第 1 次印刷
书　　号	ISBN 978-7-5151-0778-3
定　　价	118.00 元（全 3 册）

（图书如有缺漏页、错页、残破等质量问题，由印刷厂负责调换）

序

发现成长的秘密，给儿童科学的教导

玛丽亚·蒙台梭利是20世纪享誉全球的幼儿教育家，她所创立的幼儿教育方法的特点在于对儿童早期教育的重视。《西方教育史》称她为“20世纪赢得欧洲和世界承认的最伟大的科学与进步的教育家”。

1907年，蒙台梭利在罗马的贫民区建立了一所“儿童之家”，她运用自己独创的方法对那些招收来的3~6岁的儿童加以教育，结果使得那些出身“普通的、贫寒的”儿童的心智发生了巨大转变，他们皆被培养成了聪明、自信、有教养、生机勃勃的少年英才。于是，人们纷纷仿照蒙台梭利的教育模式建立了许多“儿童之家”。1909年，由蒙台梭利编写的《运用于“儿童之家”的科学教育方法》一书出版上市，很快便被译成20多种文字在世界各地流传。随后有100多个国家引进了蒙台梭利的方法，蒙台梭利在世界范围内引起了一场幼儿教育的革命。

由蒙台梭利提出的蒙氏教育法是一种针对儿童及幼儿的教育理念。蒙台梭利在很大程度上接受了卢梭、裴斯泰洛齐、福禄贝尔的自然教育与自由教育的观点，并根据自己的实际观察和实验研究提出了一种全新的教育理念，旨在全面提升儿童素质，发展儿童潜能。

读过蒙台梭利系列图书的读者对于儿童的教育问题会形成一种脱胎换骨般的认知，

能够感受到蒙氏教育法对儿童的尊重、对生命的尊重，从人性与生命的角度去揭示儿童成长的秘密，揭露教育的本质。在这一点上，这是以往的教育方法并不具备的。

蒙台梭利利用孩子自身的成长要求，在不损害儿童的自由与快乐的前提下，实现教育的目的。她认为，儿童有与生俱来的“内在生命力”，这是一种积极的、不断发展的无穷力量，而教育的任务是对儿童“内在生命力”的激发和促进，并不是强行地向儿童灌注成人的思想。所以，教师和父母要想帮助儿童获得良好的身心发展，必须先了解儿童的内心世界，从儿童自由与自发的活动中去仔细地观察和研究。

蒙台梭利认为：“儿童有绝对的自主权，让他们自己决定玩什么、学什么。”与传统的教育方法有所不同，蒙氏教育法的目的是帮助儿童自然地成长，更强调对儿童的秩序感、专心度、独立能力和手眼协调能力方面的培养，为儿童提供他们所需要的活动环境，让儿童感受到绝对的自由和尊重，让他们快乐地成为他们自己。

据此，蒙台梭利为学龄前儿童设计出一整套有效引导儿童迅速成长的训练方法。她提倡教育应当以儿童为中心，把握儿童的敏感期，注重儿童智慧与品格的养成，尊重儿童的成长步调等，对儿童进行体育、感官、知识、生活等多方面的教育。

蒙氏教育法源于对儿童的充分了解和研究，其中包含着很多有价值的教育观点，在她的著作中均有详细介绍。在此，我们为了让读者更好地了解她的教育观点，特地编译了这套“蒙台梭利系列”图书，在尊重原著的基础上，对原著内容进行了筛选和调整，力求能够让蒙台梭利的教育理念更容易被家长理解和运用。

本套书为情商专辑，包括《蒙台梭利家庭快乐课堂：培养感觉能力的33个亲子游戏（0~6岁）》《蒙台梭利家庭快乐课堂：培养生活习惯的30个亲子游戏（0~6岁）》《蒙台梭利家庭快乐课堂：培养运动能力的30个亲子游戏（0~6岁）》。这3本书的侧重点不同，从儿童不同方面的教育培养入手，其中《蒙台梭利家庭快乐课堂：培养感觉能力的33个亲子游戏（0~6岁）》是对儿童的视、听、嗅、味、触方面的能力进行激发和拓

展训练指导;《蒙台梭利家庭快乐课堂：培养生活习惯的30个亲子游戏（0~6岁）》是对儿童的卫生习惯、饮食习惯、行为习惯和品格习惯的系统培养指导;《蒙台梭利家庭快乐课堂：培养运动能力的30个亲子游戏（0~6岁）》是对儿童的身体机能、肌肉、行动方面的训练指导。

我们希望通过这套书，来指引家长更科学地对待儿童，给予儿童最佳的教育方式。这套书并不是晦涩难懂的理论书，而是操作性很强的工具书，其中包括摘自蒙台梭利原著的“蒙台梭利老师怎么说”，针对我国国情和目前家庭教育现状提出的“专家解读”，以及供家长参考的训练游戏“游戏配合”这三大模块的内容。

蒙台梭利的教育思想和她的著作风靡全球，赢得了广泛的好评。在当前的中国社会中，教育问题丛生，家长为了孩子的教育也是操碎了心。所以，我们更是需要一套有效的教育方法来做指引。我们希望，在认真阅读本套书之后，所有的家长都能够更加科学地对待儿童，找到适合他们的最佳的教育方式。

前言

培养生活习惯的重要性

中国青少年研究中心的专家孙云晓提出观点："习惯决定孩子的命运。"无疑，习惯的力量是巨大的，人一旦养成一个习惯，就会不自觉地在这个轨道上运行下去，很难改变，而这些习惯则会引领孩子在未来或走向平庸，或走向毁灭，或走向成功。

一个人是习惯于讲究卫生还是习惯于邋里邋遢？是习惯于做事完全投入还是三心二意？这与他在孩童时期养成的习惯有着很大关系。有一个公式：早期教育花一千克的气力＝后期教育花一吨的气力。这也说明了孩子的早期教育是相当重要的，既然如此，我们要对孩子进行全方位的习惯培养，就要紧紧抓住孩子的早期教育阶段。

中国家庭中，孩子貌似有许多毛病。第一，他们在自我清洁方面存在问题，过分依赖家长，在离开家长之后，无法时刻保持自己干净整洁的形象。第二，孩子变成懒惰之人，不懂得去分担家长的家务负担，相反会制造家庭的脏乱。第三，孩子在饮食方面存在各种各样的问题，拒绝饮食、挑食、不按时吃饭、不喜欢喝水等，这着实使家长为难。第四，在礼貌行为的养成上存在诸多问题，坐没坐相站没站相，在对待客人时显得非常冷漠，非常没有家教。第五，孩子在品格习惯方面存在各式各样的缺陷，或是自私不懂分享，或是做事没有耐心缺乏意志力，无法做到服从与遵守纪律等。这些都是孩子在家庭中表现出来的种种坏习惯，既然我们知道孩子存在这些问题，那么如何进行正确且良好的习惯培养就是关键所在。我们更希望在孩子未养成这些坏习惯之前，家长就能以正确的方法引导孩子培养良好的习惯。

那么，这本书就可以帮助家长解决以上种种问题，针对孩子的习惯培养，本书给出了详细而实用的指导。本书主要有以下几个特点。

首先，我们将孩子在早期教育中所需培养的习惯以单元的形式做了系统性的划分，前3部分分别讲卫生习惯、饮食习惯、行为习惯的养成，后4部分则讲孩子品格习惯的培养。这样就可以让家长全面而系统地了解，孩子习惯的培养包括哪些方面。

其次，在体例方面，我们设置有“蒙台梭利老师怎么说”“专家解读”“游戏配合”“家长观察笔记”4个模块。其中，“蒙台梭利老师怎么说”模块来源于蒙台梭利的原著作，是我们将蒙台梭利在她的著作中提到的观点整合、提炼的结果，帮助家长缩短阅读时间，可以直接接触到蒙氏教育最精华的内容。在这个模块之后配以“专家解读”模块，它是针对我国国情和目前家庭教育的现状，给出的适合中国家庭教育的专家指导意见。由各种游戏构成的“游戏配合”模块，其中大部分游戏来源于蒙台梭利的原著，一小部分是基于理解蒙氏教育理念之上并结合中国家庭教育实况编排的游戏。在游戏环节，我们搭配了相关插图使得图书更具有可读性。“家长观察笔记”模块则是方便家长记录游戏中孩子的表现以便在之后更好地开展教育工作。

最后，在每个游戏前面，我们都有适用年龄的说明，以便让家长对游戏的难度有一个整体性的把握。我们也鼓励家长在理解蒙氏教育理念之后能够就自己的实际家庭环境来自己设计游戏，以便更好、更方便地培养孩子优秀的习惯。

总之，我们所策划出版的这本书旨在让蒙台梭利的教育理念更容易为我们家长所理解与运用，我们希望给每一位家长提供这样一本书：它不是单纯又晦涩难懂的理论书，而是一本可操作性强的实用工具书。

我们相信在阅读完本书之后，所有家长都能够给予孩子最适当的教育方式。

目录

Part 1

满足儿童清洁的欲望

Part 2

根治儿童饮食恶习

Part 3 从冒失鬼到优雅儿童

Part 4 纠正儿童的性格缺陷

Part 5 锻炼儿童的意志力

Part 6 服从意识和自律的培养

Part 7 建立儿童身体与精神的自由独立

Part 1
满足儿童清洁的欲望

01 自身卫生习惯的养成

蒙台梭利老师怎么说

“儿童之家”刚刚建立起来的时候，因为教材发放时间安排得不妥当，我们的教师不能很好地实施自由式的教学方法。所以，在“儿童之家”的教学是从清洁自己的环节开始的，其中包括练习如何洗手、洗脸等。

儿童自有其清洗的欲望，我们为了满足他们的欲望，在每个教室都为孩子们安装了清洗架，很低，3~4 岁的孩子同样可以轻松够到，并配有水壶、洗脸盆、洗脚盆这样的物品。我们会要求孩子们经常洗澡但并不是每天都要洗澡。在孩子们洗澡的过程中，教师会让孩子们学习如何清洗身体的局部位置，这些在成人眼里轻而易举的事情，对孩子们来说，可能并不简单。我们把洗手、洗脸、洗脚的方法告诉孩子们，还会教他们刷牙、漱口和清洗眼睛等。通过这样的反复学习，孩子们学会了这些基本的保持自己干净卫生的方法。

在“儿童之家”，我们有特殊的诀窍去催促孩子们成功且完美地完成各种日常生活练习，这个诀窍就是在做任何日常练习时都必须严格、准确地进行。就像用水壶往杯子里倒水，要保证水壶不要触碰到水杯边缘，也不能洒一点儿水在桌布上，这比单纯地往杯子里倒满水有意思多了。必须记住毛巾和香皂的确切位置，洗手也变得更加吸引儿童。也就是说，完成某项练习的动作并没有任何改变，但是在完成练习时力求做到完美就增加了练习的价值与乐趣。洗脸不再是简单地把脸洗干净，而是非常“完美”地去洗脸。这样洗脸，不但脸干净了，而且孩子们完成洗脸这一行为所需的动作也会熟练很多，他们与没有洗脸的孩子相比，获得的不仅仅是脸的干净，还有更多其他方面的提升。当孩子们不仅能完成某项指定的练习目标，还能从准确、完美地完成动作所需要的每个细节中体会到快乐时，他们就为自己开启了一个全新的教育领域。日常生活练习对教育来说，是永恒的推动力，它们鼓励着儿童去规范自己的行为。

在家庭中，我们家长也要适时教授孩子们保持自身干净的方法，让孩子们学会自己洗手、洗脸、刷牙……久而久之，他们就会养成讲卫生的好习惯。

——摘自《蒙台梭利早教游戏》

专家解读

让孩子养成保持自身清洁的习惯不但有利于孩子的身体健康，而且是出于避免孩子形成自卑情结等性格缺陷的需要。我们试想，一个邋遢的孩子在走进幼儿园等公共场所时，一旦因为自己不干净而被人冷落与嘲笑，他的内心必然会受到伤害，久而久之，自卑的性格缺陷就会慢慢形成。

在孩子刚刚练习洗脸、洗手等技能时，难免会犯错，难免会比较慢，所以家长首先要有耐心，不能因为赶时间而剥夺孩子自己练习的机会，家长自己要安排好充足的时间方便孩子进行练习；更不能因为孩子没有像我们期待的那样去完成，或在其中犯了些错误就对孩子厉声责怪。在孩子完成清洁自己的任务后，要记得及时夸奖孩子，让孩子建立起再次练习的信心，直到熟练掌握该技能。

刚开始学习这些技能时，如果洗漱台的高度不适合孩子，可以先让孩子在脸盆里练习，或是让孩子站在小板凳上，总之要确保孩子的安全。练习前可以让孩子准备好所需物品并让他放到指定位置。在指导孩子的过程中，也要提醒孩子吃饭前和上完厕所后都要及时洗手。

游戏配合

游戏名称：小脸干净啦

适用年龄：2~3 岁

游戏目的：通过练习洗脸，让孩子养成讲卫生的好习惯。

游戏方式：

Step 1

让孩子准备好一块干毛巾、一块抹布。

Step 2

让孩子把袖子卷起来，来到洗漱台前，打开水龙头，让水流出来的量较小一点儿。

Step 3

让孩子把手心朝上，手指并拢在一起，从水龙头处接一些清水，把头低下，从额头开始用水清洗脸颊，之后再接一些水重复上面的动作。

Step 4

脸洗好后，拿干毛巾擦干脸上和手上的水。

Step 5

拿起抹布擦掉洗漱台上的水渍，并把毛巾和抹布放回原来的位置，最后把自己卷起的袖子放下来。

☆家长观察笔记

02 清洗衣物能力的培养

蒙台梭利老师怎么说

生物学其实已经一再证实了环境对生物具有巨大的影响。作为人类的我们通过对自己进行观察就可以了解到，与其说我们在适应环境，不如说我们在努力地创造着更适宜自己的环境。人如果生活在不适宜自己的环境中，就不可能正常发挥人的所有能力，也不可能在自己的内心深处探索学习及认知自己。儿童作为人类中的一分子，当然也一样。

儿童处于不适宜自己的生活环境，他们生活在由成人构筑的世界里，他们和周围事物的规模存在差异。他们无法发现自己与这些事物之间能有什么关系，因而他们就不可能顺利实现自身的自然发展。如果我们在家里为儿童准备一个和他们的形体、力量、心理能力一致的环境，让他们在这种环境下自由地生活，那么我们就在教育这条路上迈出了很大一步。

“儿童之家”的家具设计都非常适合儿童使用。它们较轻且坚固，并足以吸引儿童的眼球，美的东西定能激励他们进行活动和学习。所以，我们想要儿童掌握清洗简单衣物的能力，首先就要给予他们合适的并能够吸引他们兴趣的清洗教具，如一个小巧且可爱的塑料盆、一块颜色好看的肥皂等。置身其中，儿童仿佛能听到这些教具用无声的语言对他们讲："请你拿起我，进行清洗吧！"这样儿童会主动进行清洗，我们只需在旁边进行指导和鼓励，儿童在反复的、有趣的练习中，自然就养成了自己清洗衣物的好习惯。

——摘自《家庭中的儿童》

专家解读

其实，孩子是非常乐于自己动手帮助家长做一些家务的，但是由于我们成人没有给予孩子适当的环境，从而造成孩子不爱做家务的假象。一旦我们可以像"儿童之家"那样或是尽量向其靠拢时，自然就会发现一个勤于劳动的孩子。

我们可以带孩子去亲自挑选他喜爱的洗衣盆和肥皂，增加他参与其中的兴趣。在进行清洗练习时，我们可以选择一些小的物件，像小手绢、袜子等，选择的物件太大会增加孩子清洗的难度，只会让他丧失兴趣。

在清洗过程中，家长将清洗的要领教授给孩子之后便不要过多地去干涉他，在他完成后要给予相应的鼓励。

游戏配合

游戏名称：袜子不臭啦

适用年龄：2~3 岁

游戏目的：通过清洗袜子，让孩子掌握清洗的技能并养成讲卫生的好习惯。

游戏方式：

Step 1

准备一双孩子的脏袜子、一块肥皂和一个洗衣盆。

Step 2

首先把袜子浸泡在盛有水的盆中。

Step 3

把袜子拿起来铺展在手掌上，右手拿起肥皂，将肥皂均匀地涂抹在袜子上，然后双手进行搓洗。

Step 4

洗干净后，倒掉盆中的脏水，接清水冲洗几遍袜子，拧干之后进行晾晒（家长要全程在旁边进行指导与鼓励）。

☆家长观察笔记

03 锻炼儿童简单清扫的能力

蒙台梭利老师怎么说

物品和环境的美是对儿童极大的激励，它们会让儿童更加积极、加倍努力，所以每一件教具都应该具有吸引力。要让儿童自觉去清扫，而不是声嘶力竭地去指挥他们“快扫地”，那么就要给扫帚涂上鲜艳的颜色，光是物品本身就会对儿童发出“邀请”——就好像会说：“我是小扫帚，握着我去扫地吧！”

我们看到儿童可以独自穿衣脱衣，扣纽扣，打蝴蝶结，准确无误地布置桌布，刷洗杯子和盘子；而且他们会帮助其他小伙伴，有些儿童会帮助比自己更小的儿童扣纽扣，为他们系鞋带，当他们把汤洒在地上时会迅速帮忙清扫。他们做这些为他人着想的举动并不是想得到褒奖，而是做这些事情已经是对他们的奖励。有一次，我看到一个小女孩很忧郁地坐在一盘热菜汤前，但她没有去尝一口，因为教师曾许诺让她去布置餐桌，但教师忘记了，因而她感到非常失望，这种失望甚至让她忘记了热菜汤所能带来的身体的愉悦感。所以创设符合儿童身心发展的环境是教育中至关重要的一点。

而且儿童的心智、个性与运动之间也存在着密切的联系。普通学校里的教育更注重儿童的智力教育，往往忽略了运动教育，这样做其实是不对的。运动与儿童的心理发展、智力发展、个性发展都有着密切的联系，所以学校组织儿童参与体育运动不只是为了保持儿童身体健康，改善呼吸、饮食和睡眠等。身体与心理本就是一个整体，一个得到了锻炼，另一个肯定也能得到锻炼，也就是说，运动的目的不仅仅是为了强身健体，它也同样有利于心理的发展。

我们观察儿童的发展状况就可以发现，儿童是通过运动来发展自己的大脑的。儿童在半岁的时候，可以在他人的帮助下坐起来，八九个月大的时候自己学会了爬行，10 个月大能站起来，大约 1 岁时能在别人的帮助下走路。这一切的动作发展都依赖于儿童大脑与小脑的发展。在以上儿童的动作的发展与进步过程中，儿童的小脑也在同时发展，而小脑的发展也进一步帮助儿童保持身体平衡。

人是通过运动来表现自己的工作、表达自己的思想的，同时运动也能发掘人的潜能。如果不去运动，那么这一切都是空谈。儿童刚开始时会注意自己的手，然后他们会用手抓各种东西，经过各种各样的手部活动，儿童对手的控制能力会越来越好；继而儿童学会走路，手和脚会带领他们获得独立。独立的意思是，儿童可以不再需要别人的帮助就能自己做事情。他们会走到想去的地方拿到自己想要拿到的东西，这一切都与儿童内在的心智与器官的成熟分不开。儿童在成年之后，会从事与手有关的工作继而去表达自己的思想。就像工匠们会完成一座精美教堂的建造，而精美教堂也会是工匠们的精神体现。

我们在儿童早期阶段就要允许儿童去做一切与手脚有关的合理运动，千万不可干涉、阻止他们的运动。一个 3 岁的儿童，若家长依旧抱着他走路，那么他的发展就会受到阻碍。根据我的观察经验，如果儿童没有机会使用自己的双手进行活动，那么他们的个性发展就会处在较低水平，像不听话、做事没有激情、懒惰、情绪比较低落等。而那些有机会使用手的儿童，他们的心理发展就会更快、更好，而且他们的性格会更加坚强。

所以各位家长，我们要营造一个适合儿童发展的美好的环境，继而允许且引导他们去做一些运动，无论是体育锻炼还是日常生活劳动，这样儿童才能正常且迅速、健康地进行自我发展。

——摘自《家庭中的儿童》及《有吸收力的心灵》

专家解读

我们不要小看孩子的潜在能力，家长及其他教育工作者能做的就是让孩子内心的潜力得到充分发挥，所以我们要相信孩子，继而给他们以适当的成长环境。

在培养孩子清扫的习惯时，我们也要尽量选择适合孩子使用的扫帚和簸箕，而扫帚和簸箕的种类又有所不同，所以家长也要耐心指导孩子每一种工具的正确使用方法。

在日常生活中，要告诉孩子，把垃圾扔进垃圾桶，这样自己和别人打扫起来才会轻松很多。

游戏配合

游戏名称：我是扫地小能手

适用年龄：2~3 岁

游戏目的：通过扫地，让孩子掌握正确的扫地方法。

游戏方式：

Step 1

准备一套适合孩子使用的扫帚和簸箕，以及一些碎纸屑、瓜子皮等垃圾。

Step 2

家长把垃圾撒在地板上，并用粉笔在地板上画上一个圆圈。

Step 3

让孩子右手握着扫帚，把地板上的垃圾归拢到圆圈内。

Step 4

等到垃圾全部都被扫进圆圈里之后（家长要告诉孩子把垃圾扫到圆圈里的目的是什么），让孩子左手拿着簸箕，将垃圾扫到簸箕中。

Step 5

把簸箕中的垃圾倒入垃圾桶，最后将簸箕和扫帚放好。

☆家长观察笔记

04 让儿童掌握擦拭技能

蒙台梭利老师怎么说

有一天，一位女士去参观一所普通的学校，她立刻发现课桌是不干净的，落有灰尘。于是她对女教师说：“您知道学生们为什么不擦桌子，就让它那样脏着吗？那是因为这里没有好看的抹布，如果我没有一块美观的抹布，我也不会擦桌子。我几乎可以说，环境美和儿童是否愿意参与活动之间存在某种关系。”

“儿童之家”的家具都是可以清洗的。有人可能认为这是出于对卫生条件的严格要求，其实不然，真正的原因就在于，可以清洗的家具为儿童提供了乐于参与劳动的激情与机会。

“儿童之家”的课桌都被设计成各种各样的形状，桌子结实而且非常轻便，两个 4 岁的儿童就可以随意地挪动它。椅子也是轻便可爱，有木制的也有藤条的。这些桌椅并不是简单的普通款式的微缩版，而是真正适合儿童身体状况的。桌子上都会铺上小小的桌布，也会放上花瓶或是盆栽来点缀。我们的家具是浅颜色且比较轻便的，如盛放肥皂、牙刷和毛巾的平台都是白色的，孩子们可以十分容易地看出家具是否干净，如有污迹，他们就会去擦拭以保证它们的洁净。

“儿童之家”所营造的美好自由的环境，让儿童置身其中可以兴高采烈地、饱含热忱地去完成每一件事。他们如果想擦亮手柄，就会持之以恒地擦，直到手柄洁净如新。儿童在连续不断的重复动作中，轻松掌握了生活中的小技能，并乐在其中。

——摘自《家庭中的儿童》

专家解读

2~3 岁的孩子是非常喜欢模仿家长的行为的，所以在这个年龄阶段，他们都有帮助家长做家务的欲望。做家务在他们看来并不是一种负担，而是一件令人欢喜的事情。模仿对他们而言，有时毫无道理。曾有一个家长说过这样一个故事，在家里吃饭结束后，妈妈总是最后去清洗电饭锅和盛饭的勺子，勺子上难免会粘一些米粒，妈妈不想浪费就去啃一下勺子上的米粒。有一天，孩子就对妈妈说：“妈妈，让我也啃一下勺子吧！”看吧，孩子就是这样喜欢模仿。

那么，为什么孩子会变成家长眼里的“不爱动，很懒”的孩子呢？很大原因是家长禁止了他们，有时怕累着孩子，有时怕孩子做不好等。这就扼杀了孩子爱劳动的良好品德。

所以，我们平时就不要阻拦孩子做家务，即使他们在刚开始时做得不够好，也要鼓励他们去做，增加他们的自信心与自豪感。时间长了，孩子自然会养成爱劳动的好习惯。

游戏配合

游戏名称：抹布旅行记

适用年龄：2~3 岁

游戏目的：锻炼孩子的劳动能力，养成勤劳的好习惯。

游戏方式：

Step 1

准备两块抹布，给孩子的那块要尽可能让孩子喜欢。

Step 2

妈妈和孩子一起擦桌子，妈妈在前面擦，孩子在后面学，在这一过程中不需要太多指导，让孩子模仿就好。

Step 3

看孩子基本学会之后，对孩子发出请求：“宝贝，那张桌子也好脏，妈妈有些累了，你帮妈妈擦，好不好？”

Step 4

孩子不答应就进一步引导，待孩子答应后，就可以让孩子独立擦桌子了。孩子完成后要及时给予赞扬与鼓励。

☆家长观察笔记

Part 2
根治儿童饮食恶习

01 提升儿童的食欲

蒙台梭利老师怎么说

如果说心理一直处于抑制状态会降低新陈代谢的速率，那么同样地，活跃与昂扬的心理状态同样会提高新陈代谢的速率。我们“儿童之家”的学员们就证实了这一点。

在之前的一段时间里，我们并没有刻意去增强学员们的体质，但是现在他们各个变得脸蛋红扑扑、生龙活虎的。要知道这些儿童之前都营养不良、贫血，他们那时似乎都需要紧急的救治和吃药才能够继续活下去，但是现在他们各个身体健康、充满活力。

反观现实中我们的儿童，他们在饮食方面有时会存在一些问题。他们会表现出对食物的讨厌，表现出没有食欲，会抵抗家长的喂食，这些状况都会给家长带来很大的痛苦与困扰。

其实，儿童表现得没有食欲可能只是假装对食物没有兴趣，并不代表他们真正讨厌食物。他们没有食欲、拒绝吃饭的很大原因可能是外部环境在干扰他们，导致他们心理失调，也就是说，儿童不愿意吃东西是因为他们的心理处于抑制状态，拒绝吃饭只是他们的自卫行为。例如，我们在生活中常见这样一种情景，妈妈会催促孩子快点吃饭，这无疑打乱了儿童工常的进食节奏，他们的心理存在不平衡。这就引起儿童的反抗，他们会用拒绝吃饭来反抗家长的催促。

如果儿童拒绝吃饭，继而出现脸色苍白、不爱活动、懒洋洋的情况，家长就要寻找原因。一般情况下都是因为儿童极度依赖身边某位成人，儿童的行为完全受那个成人所支配。遇到这种情况，我们就要让儿童离开他所依赖的人，让他拥有自己自由发挥的环境。

——摘自《蒙台梭利敏感期早教手册》及《童年的秘密》

专家解读

孩子出现不愿意吃饭的情况，大多数不是因为他们不饿，而是他们对家长的反抗。我们一直强调要给予孩子自由的生活环境，我们要顺应孩子的节奏。所以在日常生活中，我们让孩子坐在餐桌旁，留给他充足的用餐时间，这样他便能按照自己的节奏去进食，那么也就不会出现拒绝进食的情况。

再者，许多家长很难很好地区分孩子到底是拒绝进食还是食欲不振，孩子如果长期拒绝进食就有可能演变成食欲不振。所以当孩子出现饮食问题时，首先就要区分孩子到底属于哪种情况，然后再对症下药。

游戏配合

游戏名称：小小勘察员

适用年龄：3~4 岁

游戏目的：引起孩子吃饭的兴趣，让孩子轻松进餐。

游戏方式：

Step 1

准备一些青菜、炒锅、铲子和各种调味品。

Step 2

让孩子和妈妈一起择菜、洗菜。

Step 3

妈妈切好菜，放到盘子里。

Step 4

妈妈开始炒菜，让孩子在旁边帮忙递各种调味品。

Step 5

当菜炒好后，妈妈和孩子一起把菜端到桌子上，摆好餐具，大家一起吃饭。在吃饭过程中家长要对孩子进行表扬。

☆家长观察笔记

02 给儿童合理的饮食结构

蒙台梭利老师怎么说

在物质方面，成人有义务去给幼小的儿童提供充足的营养。我们要想方设法地去照顾他们，儿童如果在物质上有所缺乏，往往会造成他们尊严上的缺失。

在保证他们尽可能营养充足的时候，家长往往会遇到一个难题，那就是儿童可能会出现挑食的恶习，这是一件令人非常头疼的事情。儿童的身体成长需要不同的营养物质，如果儿童挑食，只喜欢吃一种食物，那么就势必会影响儿童对其他营养物质的吸收，不利于儿童的健康成长。所以，家长要尽可能想办法帮助儿童平衡饮食，让他们养成不挑食的好习惯。

——摘自《家庭中的儿童》

专家解读

健康饮食金字塔分为 5 个层次，我们家长可以一层一层地向孩子做介绍。比如，家长可以拿着“金字塔”给孩子指着第一层说：“这是金字塔的第一层，是需求量最大也是最重要的一层，它们是什么呢？对，就是谷类。”介绍完后，家长可以问孩子谷类包括哪些东西，让他列举生活中吃到的属于谷类的食品。在孩子回答完后，向孩子展示谷类具体有哪几类，并向孩子解释我们为什么要吃这些食物。最后，可以用一首儿歌帮助孩子加深记忆。金字塔的其他层也按照这样的模式进行介绍。

游戏配合

游戏名称：我是营养师

适用年龄：3~4 岁

游戏目的：制定合理的饮食结构，帮助孩子养成不挑食的好习惯。

游戏方式：

Step 1

准备各种食物的图片、一些盘子、一张健康饮食金字塔图。

Step 2

妈妈为孩子设置一个场景。比如，孩子是营养师，在自助餐厅给生病的妈妈搭配食物来调理身体健康。

Step 3

食物的图片全部摆在桌子上，孩

子手里拿着盘子来到图片旁进行挑选。

Step 4

端到妈妈身边后，妈妈问孩子选择这些食物的原因。

Step 5

从孩子选择的食物中挑选 2~3 种，和孩子一起讨论这些食物的搭配是否合理。

Step 6

妈妈最后进行总结发言，并拿出健康饮食金字塔图向孩子介绍什么是合理的饮食结构。

☆家长观察笔记

03 培养儿童按时吃饭的好习惯

蒙台梭利老师怎么说

很多儿童都或多或少地存在饮食上的问题，不规律饮食就是其中一个。家长要想纠正这个问题，就要从多方面下手去解决。

在生活中，家长应该对儿童的规律饮食多加重视。食物能够帮助儿童健康成长，是对儿童有益的，但是并不是说要一直给儿童食物。我们常常有这样一个偏见：想要儿童健康成长，就要给儿童不断地喂食。所以，我们常常会发现在大街上，儿童手里总拿着吃的。其实这是不对的。我们知道儿童的消化系统十分脆弱，如果不加节制地吃东西，会给儿童带来巨大的损伤。所以家长应该严格规定儿童的进食时间，养成规律的饮食习惯。

——摘自《蒙台梭利敏感期早教手册》

专家解读

孩子不规律的饮食有时与家长有直接的关系。我们试想一个一上午都在吃零食的小朋友，在正常的午饭时间他还会想再吃东西吗？显然不会。所以，有时要让孩子保持一定的饥饿感，这样有利于他规律饮食，也有利于孩子健康成长。

在家庭中，有时家长叫很多遍，孩子就是不过来吃饭，针对这种情况，一方面家长要告诉孩子：“以后我们只叫你一次，叫一次你不来吃饭，我们就会收拾碗筷，收拾完碗筷之后，就不许再吃饭也不许吃零食。”久而久之，孩子会意识到家长叫吃饭就该去吃饭，不然就会饿肚子。另一方面，我们给孩子买的碗筷应是孩子所喜欢的，最好是他自己挑选的，这样也会促成他按时吃饭的好习惯。

游戏配合

游戏名称：肚子咕咕叫

适用年龄：1~2 岁

游戏目的：让孩子主动来吃饭，培养孩子按时吃饭的好习惯。

游戏方式：

Step 1

准备儿童桌椅和一些美味的食物。

Step 2

让孩子坐在餐桌前，让他自己吃饭。

Step 3

孩子如果不愿意吃，家长可以用唱儿歌的方式帮助他进食。比如："肚子咕咕叫，饭菜就来到，你一勺，我一勺，肚子不再叫。"

☆家长观察笔记

04 让儿童爱上水果

蒙台梭利老师怎么说

水果和蔬菜是对人体非常有益的东西，但并不是所有的水果和蔬菜都适合儿童食用，像生菜和无花果就不适合儿童吃。但是除了这些，有许多蔬菜、水果都非常适合儿童食用，像桃子、杏、葡萄、菠菜等。所以为了儿童身体健康，我们就要精心挑选适合儿童食用的果蔬。

当然，果蔬越新鲜就越适合儿童，尤其是刚刚采摘下来的，更有助于营养物质的吸收利用。但是，家长也要从果蔬的成熟度、果肉的坚硬程度、酸甜度等方面进行综合考虑，看是不是适合自家儿童食用。在儿童吃水果时，也要注意去掉儿童不易消化的果皮和容易产生危险的果核。

在水果、蔬菜的选择上也要考虑儿童的喜爱程度，把儿童不喜欢吃的果蔬硬塞给他，会引起儿童对果蔬的反感，这样就得不偿失了。

——摘自《蒙台梭利早教游戏》

专家解读

水果和蔬菜的种类选择要看孩子的喜爱程度，如果孩子表现出对蔬菜和水果的反感，我们就要思考其中的原因。对于某种蔬菜的不喜欢，很可能是因为家长的烹饪方式不合孩子的胃口，而不是孩子真的不喜欢这种蔬菜；如果孩子不喜欢吃水果，可以买些水果模具，做成孩子喜欢的形状，唤起孩子吃水果的兴趣。

游戏配合

游戏名称：拼拼看

适用年龄：2~3 岁

游戏目的：引起孩子吃水果的兴趣，让孩子爱上吃水果。

游戏方式：

Step 1

准备两个苹果（可以换成其他水果）、一把水果刀、两个盘子。

Step 2

把两个盘子放在桌子上，让孩子从其中一个盘子里拿着切好的苹果在另一个盘子里拼图。

Step 3

妈妈拿着水果问孩子：“你知道这是什么水果吗？”看看孩子能不能回答上来。

☆家长观察笔记

05 让儿童养成爱喝水的好习惯

蒙台梭利老师怎么说

水对于任何人都是极为重要的，我们的肌体是离不开水的，每天都需要大量的水分，但是儿童并不懂这些，所以我们家长就要保证每天给儿童补充水分。

补充水分最好的是白开水，如果在外面，则最好选用纯净的矿泉水。超市里有许多五颜六色的饮料在吸引着儿童的注意力，但是，这些饮料往往并不适合儿童饮用。发酵型的饮料会刺激儿童的神经系统，让儿童处于兴奋状态。酒和咖啡型的饮料更是万万不能拿给儿童饮用的。

在家庭中，如果儿童不愿意饮用白开水，也可以用炒熟的麦芽和大麦熬制水让儿童饮用。

——摘自《蒙台梭利早教游戏》

专家解读

孩子的模仿能力是非常强的，尤其是2~3岁的孩子，所以我们可以利用孩子善于模仿的行为去帮助孩子养成喝水的好习惯。家长在孩子面前要常常喝水，并做出一些夸张的姿态，让孩子对喝水产生兴趣。

为了避免孩子喝饮料，我们在家里就不要备有饮料。如果孩子实在想喝，就去买一瓶，一次性饮用完，以免孩子总想着喝饮料而不去喝水。

游戏配合

游戏名称：咕咚咕咚把水咽

适用年龄：3~4岁

游戏目的：让孩子了解水的重要性，帮助孩子养成喝水的好习惯。

游戏方式：

Step 1

妈妈和孩子一人一个杯子（孩子的杯子要精致可爱），还有一个盛凉白开的水壶。

Step 2

妈妈往杯子里倒好水。

Step 3

妈妈和孩子各自拿着自己的杯子。

Step 4

妈妈和孩子碰杯，然后比赛谁先把水喝完。

Step 5

妈妈要故意放慢喝水速度，以让孩子先喝完。然后对孩子说："哇，宝贝真棒，比妈妈喝得都快！"

☆家长观察笔记

Part 3

从冒失鬼到优雅儿童

01 端正儿童的身体姿态

蒙台梭利老师怎么说

一个站有站相、坐有坐相、走路优雅的儿童总是令人印象深刻。在“儿童之家”，儿童的站姿和坐姿都是教师教过的。

在“儿童之家”刚刚开始教学的时候，因为书籍和教具都不是很充足，所以我们刚开始就是从儿童的日常生活习惯开始教育的，这其中就包括站姿和坐姿。我们教师会一边向孩子们讲解正确的规范一边做出示范。给孩子们讲解坐姿时，教师会先让孩子们保持安静，之后把双脚合并在一起，双手放在桌子上，头要正，不要歪向一边，眼睛要直视前方。在孩子们练习结束后，就会学习站起来唱儿歌，由此，教师会抓住机会教孩子们正确的站姿。

儿童的生活技能掌握要通过活动来完成，走路也是，只听讲解并不能学会走路。孩子们天生就喜欢活动，但有时成人就会抑制孩子们活动的天性，我们常常会听到有些学校的教师吼道：“老老实实待在那里不要动！”但孩子们并不会服从，因为这不符合他们的成长规律。孩子们只有通过活动，才能锻炼身体的平衡能力。所以成人要通过合适的方法教导孩子们正确地运动，帮助他们成长。通过不断地练习，孩子们自然会拥有正确的走姿。

但无论是坐、是站、是走，都要保持安静，这样才能从一个冒失鬼变成优雅的儿童。

——摘自《蒙台梭利早教游戏》

专家解读

孩子在学习坐姿时并不可能一下子就学会，所以家长要有耐心。一般家里都有沙发，所以家长也要教孩子怎么坐在沙发上：背部可以放松，但是腰部要挺直，胳膊要自然下垂，腿顺着沙发自然放好。在生活中，可以锻炼孩子坐姿的机会有很多，在吃饭、做作业时都可以。

正确的站姿是有利于孩子身体协调的，而且还能保护孩子的脊椎。家长的站姿要好，孩子会不自觉地进行模仿学习，加之反复练习，就会有很好的站姿。当发现孩子不能直立地站着时，家长要及时提醒。

优雅的走路姿势会给人神采奕奕的感觉。正确的走路姿势会锻炼孩子的身体平衡能力，让身体的整个形态都得到锻炼。

游戏配合

游戏名称：大家来踩线

适用年龄：2~3 岁

游戏目的：让孩子的走姿变得优雅、稳健。

游戏方式：

Step 1

在地上画一个圆或是一条直线。

Step 2

爸爸在前面向孩子演示踩线走的姿势，前脚接着后脚沿着线向前行走。

Step 3

孩子模仿爸爸的姿势，爸爸不要对孩子过多地干预，只需让孩子模仿就可以。

Step 4

孩子掌握后，就可以让孩子自己去走了。

☆家长观察笔记

02 引导儿童学习见面礼节

蒙台梭利老师怎么说

一个懂礼貌的儿童，是人人都喜欢的。为了让孩子们掌握良好的行为礼仪，蒙台梭利老师研究了一套可以让儿童保持行为举止优雅、得体的游戏。这套游戏包括分手和见面的礼仪。孩子们在游戏中进行这些训练，就能逐渐养成良好的行为礼仪。

在这套游戏中，孩子们不仅要参与游戏，还要观看那些行为好的孩子的动作，看他们是如何去做的，然后孩子们通过观察与模仿，就慢慢培养起正确的行为礼仪了。

日常生活中，我们在教授儿童礼仪时，不要不顾儿童的自尊心对他们的行为指指点点，而是要用爱心去指导他们礼貌的做法。

——摘自《蒙台梭利早教游戏》

专家解读

在我们指导孩子的行为礼仪时，要为孩子讲解这样的礼貌行为是多么重要，从而去营造一种庄重感，孩子也会自然而然地重视这件事情。

指导行为礼仪不能一味地在家庭里办“过家家”，而是要营造机会，多让孩子参与社交活动。实际的生活场景更能加快孩子的成长，因为在这个过程中，他可以观察到别人的行为，从而进行模仿练习，而且真实的生活场景也可以锻炼孩子的胆量。

游戏配合

游戏名称：握握手，交朋友

适用年龄：3~4 岁

游戏目的：掌握正确的握手方法，培养良好的交往习惯。

游戏方式：

Step 1

爸爸和妈妈面对面演示正确的握手方法。

Step 2

让孩子以正确的姿势从椅子上站起来，走到妈妈面前，模仿刚才爸爸向妈妈做出的动作。

Step 3

孩子伸出右手，握住妈妈的右手并微笑地看着妈妈的眼睛，说一句：“你好！”

☆家长观察笔记

03 教导儿童礼貌待客

蒙台梭利老师怎么说

生活中，有些儿童看到家里有客人，不但不会去打招呼，还会径直走回自己的房间把门关上，这是非常不礼貌的行为。我们作为家长有必要纠正儿童不正确的行为，培养他们礼貌对待客人的素养。

“儿童之家”在这方面就做得很好。在“儿童之家”，教师会教到这些，学员们会在教师的教授中轻松掌握这些礼貌的行为，还会通过观察别人的行为进行模仿练习。

其实，儿童有天生的自尊需求，出于这种自尊需求，孩子们自然想在别人面前展示自己最好的一面。他们会认为礼貌地对待客人、为客人服务是非常荣幸的一件事情，从而表现出很好的待客之道。

这里有一个小故事可以和大家分享。有一次，一个非常重要的客人要来“儿童之家”参观，我对教师说：“顺其自然，不要给孩子们做任何指导。”之后，我告诉孩子们：“明天有一个客人要来看大家，我希望他看到你们是世界上最好的孩子！”客人到来之后，孩子们非常礼貌地对他进行了接待。他们会给客人搬来小凳子，并对客人说：

“请坐。”当客人走时，他们从窗户对客人喊道：“谢谢您的到来！再见！”

一开始我以为是教师干涉了孩子们，对他们进行了教导。后来我才知道这些都是孩子们自发的行为。因为我们在平时开发并顺应了孩子们的自尊需求，所以，孩子们的这些礼貌行为就自然而然地发生了。

——摘自《蒙台梭利早教游戏》

专家解读

孩子都有自尊需求，所以我们在平时要尊重孩子，让他们知道良好的行为可以为自己赢得自尊。在平时，我们也要给予孩子充足的锻炼机会，不要嫌孩子太小或是不能做得很好就阻止孩子。

当孩子沏茶时，我们要特别注意不要让热水烫到孩子。家里来客人时，孩子不光可以给客人沏茶，还可以帮忙倒果汁、给客人拿水果等。

游戏配合

游戏名称：沏茶小能手

适用年龄：4~5 岁

游戏目的：掌握沏茶的方法，培养良好的待客习惯。

游戏方式：

Step 1

准备 1 个茶壶、4 个茶杯和 1 个暖水壶。

Step 2

孩子拿出一些茶叶放在茶壶里，在妈妈的帮助下往茶壶里倒入热水。

Step 3

等茶泡好后，孩子一只手握住茶壶的把手，另一只手的食指和中指按住茶壶盖子，再小心翼翼地往茶杯里倒茶。

Step 4

使用相同的方法，倒满其他茶杯，注意茶杯里的水不要太满。

Step 5

倒满的茶杯放在茶盘上，妈妈帮助孩子端到茶几上，让孩子把茶杯放在客人面前并说："请喝茶！"

☆家长观察笔记

04 让儿童礼貌地接收物品

蒙台梭利老师怎么说

儿童的早期教育要有效，我们成人就要鼓励儿童做一些他们能力范围之内的活动，让他们以后不要因为无法自立而成为别人的负担。基于此，我们必须帮助儿童学会自己走路、吃饭、捡起掉在地上的东西、接收他人给的物品或是把物品递送给别人等生活技能或是行为礼仪。

有时成人只是习惯性地去服侍儿童，以至于儿童丧失了自己去练习的机会，儿童就像是一个提线木偶任成人拉扯。我们不能一味地去喂他们食物而不教他们怎么去握勺子或是如何把食物放进嘴巴里；我们一边希望儿童能够有礼貌地接收或是递送物品，一边却总是代替儿童去做这些事情，从来没有教过他们正确且礼貌的交往礼仪。所以到头来，儿童永远也做不到我们希望的那样。只有当我们给了儿童自由，让他们亲身体验自己想做的活动时，才能养成正确且属于他们自己的行为习惯。

——摘自《发现孩子的潜能》

专家解读

我们家长在家可以给孩子进行接收物品和递送物品的演示，过程中要细心地讲解，也要有耐心。之后，可以和孩子以“过家家”的形式进行演练，在演练过程中，不要对孩子的错误进行毫不掩饰的批评，而是要鼓励式地进行指正，给孩子营造轻松的环境，给孩子足够的时间去反复练习。而且家长要给孩子创造足够的机会，让孩子有切实的机会去接收物品或是递送物品，如生日会等。

我们要教给孩子，如果物品有尖锐的一角，那么尖锐部位要对着自己。在接收物品和递送物品时，要和对方保持一定距离并面带微笑。

游戏配合

游戏名称：双手传递

适用年龄：3~4 岁

游戏目的：让孩子学会接收或递送他人的物品，学会正确的交往礼仪。

游戏方式：

Step 1

准备一本大小合适的书，妈妈和孩子面对面地站着。

Step 2

把书放在孩子手里，指导孩子双手抓住书的右下角或是左下角。

Step 3

在交给对方时要说一些礼貌性的话，如“谢谢你”。

Step 4

妈妈接过孩子递送的书，并做好再次递送给孩子的正确姿势。指导孩子，在接收别人递过来的东西时，要用两只手拇指在上、4 根手指并拢在下的姿势接，并说一些礼貌性用语。

☆家长观察笔记

Part 4
纠正儿童的性格缺陷

01 占有欲强会导致儿童偏离正常成长轨迹

蒙台梭利老师怎么说

正常的儿童对于环境有一种天生的热爱，这种热爱会驱使他们主动走向环境中，并在环境中获得自己需要的力量。儿童的这种热爱就像一个饥饿的人对食物的热爱一样，它会驱使儿童像饥饿的人一样到环境中寻找精神食粮。

儿童热爱环境，促使儿童持之以恒地进行活动也可以让他们获得正常的生命力。积极向上、有活力的儿童会在适宜他们生活的环境中表现出一种创造力，也就是说，如果环境不适宜他们，这种自我实现的创造力就无法实现。如果儿童缺乏这种环境，他们会变得病态，他们只能看见物品本身，并想占有它们，因为占有某种物品不需要智慧和爱心，而是轻而易举就可以办到的事情。

占有欲与爱心相悖，儿童一旦具有强烈的占有欲，就可能会精神走向歧途并一发不可收拾。一个占有欲强的儿童就像一条拥有很多触角的章鱼一样，会紧紧抓住并毁掉自己渴望占有的东西。

性格比较强的儿童拥有占有欲，会表现得比较积极，他们会和其他儿童斗争去捍卫自己想要的东西。儿童为一些鸡毛蒜皮的小事而争斗，但是造成的后果却一点儿也不小，反而是非常严重的，甚至会使儿童偏离正常的发展轨道，引起精神层面的畸变。

性格比较弱的儿童拥有占有欲，他们的表现与强势的儿童不同。他们不善于争吵，一般也不会和人去争。他们会倾向于收集与收藏东西，这让人们误以为他们是收藏家。但是这些儿童收藏的东西五花八门，没有一定的规律也没有价值可言。病理学将其描述为一种空洞且没有条理的收藏行为，这是一种怪癖，也就是说，这是一种心理状态的异常。成年精神病和少年精神病一样都有这种症状，他们会在口袋里装满没有用且杂乱的东西。而在现实生活中，我们却误认为表现如此的儿童是正常的。

在儿童的道德教育中，一个很关键的问题就是要教导儿童不能一味地被物质所束缚，在与人相处过程中，要充分尊重别人的财产。如果儿童对物质产生了极度的渴望和依赖，他们就很可能会偏离正常、健康的成长轨迹，会一味地渴求拥有某种外界物质来满足自己的需求。如果这种对外界物质的欲望渗透进儿童的性格中，就会导致儿童表现出强烈的占有欲。

——摘自《童年的秘密》

专家解读

现如今的家庭中，孩子得到的爱是无微不至的，他们习惯于“接受”而不习惯于分享自己所拥有的东西，那么我们在日常生活中就要想尽办法帮助孩子养成乐于分享的习惯。其中一个方法就是让“分享”为孩子所接受。

这个游戏中，我们可以采用的道具很多，只要是能够吸引孩子的注意力就可以。一些占有欲比较强的孩子，他们在玩这个游戏时，一开始是不愿意去分享的，但是一旦他们愿意把自己手上的东西交给其他人并且知道他们喜爱的东西最后还是会轮番回到自己手上之后，慢慢地，他们也就能自然地养成分享的好习惯。

游戏配合

游戏名称：一条围巾大家围

适用年龄：3~4 岁

游戏目的：帮助孩子养成乐于分享的好习惯。

游戏方式：

Step 1

妈妈宣布，今天家里每一个人都可以戴一会儿那条很可爱的围巾，但是规定好，向别人要围巾的时候，一定得问对方："这条围巾我可以戴一会儿吗？"对方答应后要说："谢谢。"

Step 2

游戏开始，爸爸首先戴着那条围巾，孩子走过去问："爸爸，这条围巾我可以戴一会儿吗？"他成功地戴上了。过一会儿，妈妈找孩子要围巾，然后爸爸找妈妈要围巾。这是一个完整的循环。

Step 3

一个循环过后，孩子会再一次向爸爸讨要围巾，由此开始下一个循环。

☆家长观察笔记

02 支配欲强的儿童实则心理脆弱

蒙台梭利老师怎么说

和占有欲相关的另一种性格缺陷是支配欲。对儿童而言，成人是一种特别强大的存在，那么儿童就会利用成人，去完成自己所做不到的一些事情，也就是说，他们在利用成人。这是生活中常见的也是最自然的事情之一，儿童总是能用哭喊或是其他任性的方式让成人完成自己的诉求。童话故事也充分满足了儿童的这类愿望，在故事中，向仙女求救就会得到远远超过常人的恩惠和财富。故事中的仙女就像是生活中的成人，成人最终总会向儿童妥协。

儿童从成人那里获得一次妥协就会期待成人的第二次妥协。成人的妥协次数越多，儿童的支配欲就越强，最终的结果就是儿童与成人之间爆发冲突，成人才会认识到自己把儿童宠坏了。

其实，支配欲强的儿童只是看上去比较强势，他们的内心都是相当脆弱的。如果一味地对他们提出的请求置之不理，他们很可能产生“爸爸妈妈不爱我”的想法，这对儿童是相当不利的。

——摘自《童年的秘密》

专家解读

我们说孩子就像是一块待塑造成形的“土坯”，在真正定型之前都不要把孩子表现出来的性格缺陷看成不能改造的人生污点。而且孩子的性格缺陷往往都是成人的行为所造成的。孩子的支配欲强，就跟家长毫无限制的帮扶有关。一旦孩子具有很强的支配欲，家长绝对不能操之过急地去纠正，要循序渐进。让孩子尽可能在比较舒缓的节奏中慢慢改掉支配的欲望。

游戏配合

游戏名称：涂色

适用年龄：3~4 岁

游戏目的：帮助孩子消除过强的支配欲。

游戏方式：

Step 1

家长和孩子一人一支笔，分别在各自的涂色书上画画。

Step 2

孩子没有画好，要求家长画的时候，家长要与孩子商量："我们一起画，好不好？你自己画出来的才最好看。"

Step 3

家长要尽量减少自己的涂画动作，看孩子亲自涂色。

☆家长观察笔记

03 “正面教养”远离自卑

蒙台梭利老师怎么说

家长都是十分爱自己的孩子的，这一点毫无疑问，家长确信自己的孩子是完美的，是最讨人喜爱的，并期待他们在未来取得辉煌的成就。但是在日常生活中，我们家长却又对孩子表现出一味的“不信任”“不鼓励”“不尊重”。

成人已经不再注意日常生活中的连续性，因为这已经成为一件习以为常的事情。当成人早晨起来，他知道先做什么，后做什么，这是成人生活中的常态，成人活动的连续性似乎是自动的，所以不再引起注意，正像人的呼吸一样，没有想着心脏在跳动，也没有发现心脏在跳动。但是儿童却不同，儿童活动的连续性还没有建立起来，成人又要来打破儿童建立起的连续性。比如，孩子在游戏，成人来了，想让他去散步，于是给他穿好衣服就带走了；或者孩子正在干活，如把小石子装进小桶里，但是妈妈的好友来了，于是妈妈中止孩子的工作，领他来见好友。在儿童的世界里，成人总是不断地干涉自己，而从不与他们商量也从没有考虑他们的感受，就断然安排他们的生活。在家长的眼里，孩子的活动似乎毫无意义。家长也会表现出对孩子的极其不信任，当家长看到一个孩子正在端着一杯水，小心翼翼地走着，家长会如何表现？他们很可能会着急地接过杯子，好像生怕孩子把杯子打碎一样。

在这些生活体验中，儿童发现，一个成人在打断另一个成人的活动时总是说一句“抱歉”或是“劳驾”，但是却没有对自己的孩子说过，成人不会担心杯子摔坏而接过另一个成人手中的杯子……于是儿童感受到自己是与成人不同的，自己是低能的、应当服从所有人的，是做不好任何事情的。

所以，我们一边“爱”着我们的孩子，一边却毫不留情地对他们表现出“轻蔑”。儿童的自尊心在经受着摧残。久而久之，儿童不断地对自己感到失望，他们会越来越确信自己是个低能和无用的人，“自卑”就自然而然地形成了。

自卑的儿童会在成长的道路上遇到很多问题。例如，遇到任何事时他们都会认为自己是很卑微的，认为自己无法去完成任何事情；在情绪上，自卑的儿童会时常感到痛苦、胆怯、爱哭，等等。

相反，一个不自卑或是说正常的儿童会显现出的是自信和果敢，就像“儿童之家”的学员们一样。他们即使在假日，也能够自己进入教室并进行“工作”，即使没有任何教师在场。

——摘自《童年的秘密》

专家解读

帮助孩子树立自信心是我们在教育过程中必须做的事情，我们可以采取的方法是去选择相信孩子、鼓励孩子并充分肯定他们的存在感，即“正面教养”。在他们想独自完成一件事情时不要去打断他们，在他们跌跌撞撞地完成一件事情后要给予充分的鼓励与夸奖，要像对待成人一样去尊重他们，从而帮助他们树立自信心。

表扬孩子的时候不要总是说“你真棒”“你好聪明呀”这栏的话，要针对孩子具体的行为进行有针对性的表扬。这样才能强化孩子做事的自信心，从而让孩子远离自卑。

游戏配合

游戏名称：我能行

适用年龄：4~5 岁

游戏目的：帮助孩子建立自信，远离自卑。

游戏方式：

Step 1

在每天完成事情之前，家长和孩子约定要一起喊口号“我能……”，尤其是在完成对孩子而言较难的事情时。

Step 2

与孩子的意见达成一致后开始施行。例如，在吃饭前，家长和孩子一起喊：“我能吃光碗里的饭！”在洗澡时，一起喊：“我能自己洗白白！”

Step 3

在生活中要多多采用这种方法。

☆家长观察笔记

04 利用儿童的无知会导致儿童胆小

蒙台梭利老师怎么说

我们时常会认为儿童的胆小是天生的，有些儿童对任何事物都表现出胆小，他们草木皆兵；而有些儿童，他们在大多数情况下会表现得十分坚强，但是在特定的环境下也会表现出我们难以理解的胆小特质。

胆小在对成人十分依赖的儿童身上尤为常见。成人对儿童而言就是高大、无所不知的象征，但儿童是相对“无知”的，我们时常会发出“我的孩子为什么会如此胆小？”的疑问，但这其实又在促成着儿童的胆小。正是因为我们成人利用了儿童的无知，才让他们变得胆小。例如，我们会说：“你再不睡觉，黑暗里的怪物就会来抓你。”我们知道外面没有怪物，但是儿童却不知道，利用这一点，成人达到了让儿童睡觉的目的，但是从此之后儿童对黑暗产生了恐惧，让他们在环境黑暗的情况下变得胆小。

亲身经历周围环境的一切，会让儿童在其中吸取经验以便他们变得不再胆小。所以我们如果想要纠正儿童胆小的问题，就要帮助他们多多接触现实世界，去引导他们体验生活中发生的一切，了解周围的世界，这样可以将他们的恐惧心理逐渐减缓，最终使他们变得不再像之前那样胆小。

——摘自《童年的秘密》

专家解读

孩子胆量的锻炼是一个循序渐进的过程，家长千万不可太过于着急。曾经有一个家长，由于孩子怕黑，为了克服孩子怕黑这个问题，他采取的就是强迫式的方法。他强迫孩子晚上自己关灯睡觉，对于孩子的哭闹不理不睬。最终孩子是不怕黑暗了，但是这种经历很可能在孩子心里留下阴影，对他造成极为不利的影响。

正确的锻炼方法就是让孩子多多去接触外界的社会环境。例如，见到生人就害怕的孩子可以让他多多与外人接触；怕黑的孩子可以让他和家长一起在晚上逛逛超市，等等。

游戏配合

游戏名称：我要买雪糕

适用年龄：3~4 岁

游戏目的：锻炼孩子的胆量，让孩子不再胆小。

游戏方式：

Step 1

在家里与孩子玩“过家家”的游戏，妈妈扮演商店里的售货员阿姨，孩子则扮演顾客。孩子都喜欢吃雪糕，就让孩子练习说：“阿姨，我要买雪糕。”以此来锻炼他的交际能力。

Step 2

在现实生活中，当孩子真的想吃雪糕时，就带他一起去超市，让他自己对售货员说出他想要的东西并询问价格等。

☆家长观察笔记

Part 5
锻炼儿童的意志力

01 意志萌发的诸多表现

蒙台梭利老师怎么说

一个人的意志是指决定达到某种目的而产生的心理状态，这种心理状态的外在表现都体现在人的行动之中。其实不管人做任何事情，都会受自己的意志所影响，比如，走路、工作、说话、写字或是睁开眼睛去看或是选择闭眼不看，这些统统体现了一个人的意志。

如果一个人没有外在的行动，就体现不出个人的意志。就像一个人只是在空想但是没有付诸行动，他想去拜访好友却没有去，他想写信给别人却没有写，也就是说，他没有完成意志的行动。

儿童的意志从什么时候开始萌发？他有没有建立自己的意志？我们可以观察他的一些行为以做出判断。儿童如果可以从很多物品中挑选出自己所喜爱的那个；能拿出某种食物但控制自己不吃，而又把它放回原位或是分享给其他小伙伴；能够在很想玩某种玩具时等待别人玩完；能够集中精力去做一种练习并在练习的过程中逐渐纠正自己的错误；能够待在自己的座位上不动，直到教师叫他的名字才站起来；能够站起来时尽量不让桌椅发出声响……当儿童表现出以上行为时，我们就可以知道，儿童已经具有了自己的意志，而意志是影响儿童发挥才能的关键因素。

——摘自《发现孩子》

专家解读

意志力在孩子的成长过程中极为重要，所以我们家长总会希望孩子能够获得足够的意志力，希望他们在面对是非时能够做出正确的判断，能够在人生的道路上控制自己的欲望，不要偏离正确的道德轨迹。意志力作为一种与自主意识共同发展的潜在能力，对孩子的一生都有极为重要的影响，而且它是可以进行有目的的定向训练的。

趋吉避凶是孩子的天性，孩子在困难面前选择逃避是天性，家长不要过于指责孩子，这样只能适得其反。培养孩子意志力是一个循序渐进的过程，千万不可操之过急。

游戏配合

游戏名称：取糖果

适用年龄：2~3 岁

游戏目的：锻炼孩子的意志力。

游戏方式：

Step 1

准备一些色彩、软硬程度、酸甜程度不同的糖果。

Step 2

家长和孩子围坐在一起，告诉孩子，今天我们来玩选糖果的游戏。

Step 3

家长首先讲解游戏规则，即从很多糖果中选出一种自己最喜欢的并说明理由。

Step 4

让孩子做出选择并说明自己的理由，如果孩子不能做出选择，家长要耐心引导孩子，直至孩子能够大方地做出自己的选择。

☆家长观察笔记

02 建立冲动与抑制的平衡关系

蒙台梭利老师怎么说

我们拥有意志，其实就拥有一种制约冲动的力量，而且意志会指引我们的行为合乎理智。我们所有的行为其实都是冲动和抑制达到平衡的结果，也就是意志之下的结果。

在冲动和抑制这两种力量之下，我们通过不断的重复行为，就会养成我们的习惯或者说个性，或者说一种无意识下的处理事情的方式。有了这些习惯，我们做事就不用付出过多的思考，而是一种习惯性的动作。例如，如果我们说一个人有教养，就是说在大多数情况下，那个人都能够不假思索地做出合乎教养的行为，这种合乎教养的行为已经成为他的习惯。

在儿童身上，冲动和抑制还没有达成平衡，他们还没有拥有属于自己的个性。但是我们知道冲动和抑制最终都会发生在每个人身上，只是时间的快慢问题而已，那么作为教育工作者，我们有义务帮助儿童促进这种平衡早些到来。我们这样做不是为了把他们个个培养成懂礼貌、拥有良好品德的绅士，而是希望锻炼他们的意志品质，从而建立冲动与抑制之间的平衡关系，最终帮助他们更好地融入社会。

一旦获得冲动与抑制的平衡，儿童就能够懂得尊重别人的工作；能够等待而不是掠夺别人手里的东西；能够在走路时不让桌椅发出声响、不撞到小伙伴……

——摘自《发现孩子》

专家解读

锻炼孩子的意志力，让他们实现对自我的控制，最好的方法就是让孩子通过内心的力量对自己进行规范和控制。一旦孩子在内心形成秩序感，能够实现自我控制，意志力就自然而然地形成了。在这个过程中，我们不能过于急躁，否则会对孩子造成伤害，到最后，孩子的意志力没有建立起来，还有可能陷入自卑当中。

游戏配合

游戏名称：玩积木

适用年龄：3~4 岁

游戏目的：通过游戏锻炼孩子的意志力。

游戏方式：

Step 1

准备两种形状不同的且相对简单的积木。

Step 2

妈妈和孩子分别挑选一种，独立进行搭积木的游戏，并约定要各自玩半个小时之后才可以去交换积木，如果时间不到半个小时又不想玩自己的，就可以站在旁边看别人玩，直到约定的时间到来。

Step 3

妈妈要观察孩子，如果半个小时不到孩子就要玩自己手里的积木，就要对其进行劝阻。如果实在不行，也不要对孩子进行责骂，要耐心引导，使孩子在下一次游戏中遵守游戏规则。

☆家长观察笔记

03 培养坚持不懈的性格

蒙台梭利老师怎么说

我们知道，智慧贤能之辈都能给人一种印象：他们不食人间烟火，工作起来殚精竭虑、专心致志。我们读过牛顿沉迷研究而忘记吃饭的故事；我们也知道阿基米德的逸事，他没有听到叙拉古城被罗马士兵攻占时的喧嚣，而是一心扑在几何计算上面。因为这些科学家，人类文明才得以进步。这些伟人之所以能取得这些成就，与其说是因为他们的博学，倒不如说是因为他们埋头苦干、坚持不懈的精神，而这些精神都源于他们拥有平静的内心与不被外界所打扰的心态。

能拥有这种心态，人的内心才会无比坚强。我们每个个体都有内心的需求，由于这种需求，我们才会全力以赴地投入某项工作当中。工作中保持全神贯注，要求我们要不被人打扰，要彻底地独处，如果他人打扰我们，就是在破坏我们全神贯注地进行工作。不被外界环境打扰有时是我们维持内在心灵平静的保障，所以我们要求独处，旨在保持内在心灵的独处。伟人的心灵一般孤独且安静，这样他们才能够解决人类的大问题。此外，所处的外界环境越有序，就越有利于心灵达到安宁，而心灵的孤独与安宁会更有助于储备日常工作所需的力量，这两者相辅相成。

我们在儿童身上也会发现这种内心无比安宁的状态，显然这种状态并不是伟人所专有的，而是人类的常态，但是只有极少数人能把这种状态维持到成年之后。我们通常认为儿童不可能长时间集中精力在某件事情上，但是我却发现一个 4 岁的小女孩可以十分专注地将大小不同的木制圆柱体插件插入插座的孔状结构中，当所有的插件全部插完之后，她又将它们全部拔出来再次插进去，反反复复地练习。我开始数次数，看她何时结束，当她练习达 40 多次的时候，我坐在钢琴旁，请其他学生唱歌，但那个小女孩却始终在重复那样的练习，头也不抬，我感觉她被教具完全吸引住了。等到她终于停止练习，站了起来，她面带微笑，显得无比兴奋，两只眼睛十分有神，她的身体轻松自如，仿佛得到了休息。

——摘自《家庭中的儿童》

专家解读

一个人能否废寝忘食、聚精会神地去投入某项工作，就像上文所说的，要取决于那个人能否达到内心的平静与安宁，这是一种内心的秩序感，靠的也就是我们所说的意志力。意志可以体现一个人的情感和思想，体现一个人的性格。一个有性格的人才能成为一个坚定不移的人，才能通过自己坚持不懈的工作去创造价值。

我们设置的游戏“小脚走直线”就旨在锻炼孩子的意志力，游戏的关键就在于“不能犯规”。对孩子来讲，两脚前后相接压线走 10 米是一种并不简单的行为，越到后面孩子的工作可能就越容易做不好，这需要孩子具有很好的身体协调能力和耐性，我们需要做的就是帮助孩子坚持到终点。

游戏配合

游戏名称：小脚走直线

适用年龄：2~3 岁

游戏目的：锻炼孩子的意志力和肢体平衡能力。

游戏方式：

Step 1

在一块空地上画两条 10 米的平行直线。

Step 2

家长给孩子做示范：从直线的一端沿着直线开始行走到另一端。行走的方式：两脚完全压在直线上，前脚脚跟顶着后脚脚尖，然后后脚前移，脚跟顶着脚尖。两脚交替，一直到直线顶端。

Step 3

家长指导孩子进行练习，不能让孩子跨步，为了保持平衡，可以让孩子把双臂打开。

Step 4

家长可以与孩子比赛看谁先到达终点，注意不能犯规。

☆家长观察笔记

04 由意志缺乏带来的“怀疑癖”

蒙台梭利老师怎么说

意志可以说是一个人身上最宝贵、最有价值的一种机能，意志的表现之一就是可以让我们做出选择。而一个意志力薄弱的人，常常会出现一种心理疾病，俗称“怀疑癖”。患上这种疾病的人往往无法做出选择，常常陷入苦恼当中。

我曾经遇到过这样一个人。他平常总是四处收集垃圾，生怕把什么贵重的物品丢在了垃圾桶里。在垃圾准备被送走的时候，他会挨家挨户地询问别人是不是把什么值钱的东西丢在了垃圾桶里。别人告诉他没有后，他才会离开。但过了一会儿，他有可能再回来询问。他为此也感到深深的痛苦，所以寻求心理医生帮助，看能否找到消除怀疑、增强意志力的办法。

其实，这样的心理问题在我们很多人身上都有表现，只是程度不同罢了。例如，我们离开家的时候会锁门，有的人锁上门之后还会拉一拉看是不是真正地锁上了，甚至离开家几步了又回来检查一下是不是真的锁好了，即使他知道自己刚才确认过门已经被锁好了，但是就是抑制不住自己要回来进行检查的行为。有些儿童也会出现这样的情况。例如，有些儿童在晚上睡觉的时候会检查一下床下面是不是有猫、狗之类的动物，他们也知道没有，但就是忍不住想检查一下。这些都是意志缺乏的表现。

如果我们想拥有意志并运用意志达到我们的目的，就要对意志进行必要的训练。

——摘自《蒙台梭利敏感期早教手册》

专家解读

我们希望孩子拥有顽强的意志，但是有时孩子管不住自己并不是因为意志薄弱，而是因为他们患有多动症。多动症是一种疾病，如果我们忽视了它的存在，就会给孩子的发展埋下隐患，患有多动症的孩子具有以下表现，例如，多动不安，注意力不集中；平时爱做小动作；自控能力差，情绪不稳定；做事情非常容易马虎；平衡能力差，容易摔倒；语言发展较慢等。如果孩子有多动症的倾向，就要及时带孩子进行问诊。

游戏配合

游戏名称：听雨的声音

适用年龄：2~3 岁

游戏目的：锻炼孩子的秩序感，增强孩子的意志力。

游戏方式：

Step 1

选择一个下雨天，召集几个小朋友来家里一起玩耍。

Step 2

妈妈带领着几个孩子在家里坐好，然后可以故作神秘地说："我们来玩一个游戏，好不好？我们听一听外面下的小雨滴在说什么。"

Step 3

让孩子们都保持安静，静静地听下雨的声音。

Step 4

3 分钟过后，让孩子们各自描述一下自己听到的声音。

☆家长观察笔记

Part 6
服从意识和自律的培养

01 意志和服从相辅相成

蒙台梭利老师怎么说

人们一直认为意志和服从是两个对立的概念，而教育就是摧毁儿童的意志，用成人的意志去取代儿童的意志，从而让他们变得服从于我们。人们还认为儿童的意志行为是无秩序的，有时甚至是暴力的。但是并非如此。

如果儿童的意志和儿童做出的行为一致，即儿童有了有意识的意志，那么他就会走上自觉的发展道路。儿童就会自发地选择自己的工作，然后不断地去练习。意志并非会导致混乱无序和暴力，在自然状态下，意志会驱使个体进行有益于生命的行为。如果我们教师能够顺应儿童的这种发展规律，让儿童自己形成内在的意志，保持内心的秩序，那么服从就会自然地发生。我们的教育自然不是摧毁儿童的意志，而是培养儿童的意志。

意志和服从是相辅相成的，而意志是服从的基础。有意识的意志需要在适宜的环境下通过练习和工作发展起来，所以我们要给儿童一个适合发展的外界环境和心理环境。让儿童觉得我们理解他们，我们能够让他们独自完成自己想要做的事情并给予足够的信任，这样他们就会认为我们是聪明的，于是开始服从我们。

——摘自《儿童的心智》

专家解读

我们想让孩子服从我们，遵守我们定下的纪律，那么首先要做的就是找到维持孩子内心秩序、让他们达到心灵平衡的方法。有些孩子会表现得没有纪律，不听从我们的规矩，那是因为我们没有给他们营造一个合适的环境让他们达到内心的平衡。对孩子而言，他们也不喜欢混乱，他们也希望有一定的秩序，但是他们有自己的一套发展规律，有时对他们而言，混乱也意味着一种秩序。

所以在日常生活中，我们更多的是去观察孩子，在他们需要的时候提供帮助，在他们想独立完成某件事情的时候选择沉默，做一个懂他们的人。这样他们才会对我们敞开心扉，相信我们，继而服从我们。

游戏配合

游戏名称：点名起立

适用年龄：3~4 岁

游戏目的：锻炼孩子的意志力，为服从打下基础。

游戏方式：

Step 1

准备几个凳子和一块黑板，孩子的凳子要轻且令

孩子比较喜爱。

Step 2

妈妈站在黑板前面，包括孩子在内的家里其他人员坐在凳子上并面向妈妈（模拟教室）。

Step 3

妈妈告诉大家游戏规则：点到名字就要站起来且不能让凳子发出声响，没有点到名字之前要保持正确的坐姿安静地坐在凳子上。

Step 4

妈妈挨个儿点家里其他成员的名字，最后点孩子的名字。

Step 5

反复游戏，直到孩子每次都能正确地站起并不让凳子发出声响。

☆家长观察笔记

02 服从和不服从交替出现

蒙台梭利老师怎么说

儿童的服从是有一定的发展规律的，一般会经历 3 个阶段。第一个阶段是“服从和不服从交替出现”。这一阶段，服从是取决于成长的程度的，也就是说，服从的完成需要身体机能的支撑。服从一个人的命令是需要一定的技能和身体发育支撑的，就像我们不能要求一个人用鼻子进行走路一样，因为他在生理上是做不到的。这一阶段的儿童，有时不服从于我们是因为他们做不到服从，他们在身体上还没有建构完成自己。所以，我们不要期待一个 2 岁的儿童能服从我们的命令。

当儿童不再处于 0~3 岁，他们有时会表现得服从，有时却不能服从，我们不能把这一时期的不服从简单地理解为任性行为，因为他们的服从行为尚在构筑期，还没有成熟，这就像一个 1 岁大的儿童有时是可以自己迈出几步的，但经常发生的还是跌倒。这一时期他们尚且不能服从自己的意志，更不要说服从其他人的意志了。

——摘自《儿童的心智》

专家解读

服从的第一个阶段是最令家长头疼的。我们在教育孩子的时候，有时会陷入一个误区：孩子只要一次能够做好，其实就代表他可以做好这件事情，但是事实却不是这样。例如，一个孩子已经知道不能憋尿，要去卫生间解决，但是他还是会出现尿裤子的情况。家长就会想孩子是不是故意这样的，于是开始发脾气，甚至动手打孩子，这样对孩子是极其不利的，甚至会在孩子的心里留下阴影。孩子其实并不是故意的，只是智力与思维还没有达到可以控制的水平。这是一种可以被原谅的行为，但是家长却浑然不知。如果我们了解孩子目前的身体发育还没有达到服从的水平，就可以理解孩子了。

游戏配合

游戏名称：小脚站立

适用年龄：3~4 岁

游戏目的：观察并锻炼孩子的服从能力。

游戏方式：

Step 1

妈妈播放音乐，孩子和妈妈一起扭动。

Step 2

妈妈告诉孩子：“宝贝，妈妈如果喊‘停’，咱俩就都要静止不动，直到妈妈开始动，你才可以继续扭动，好吗？”

Step 3

孩子答应后，游戏开始，妈妈在游戏过程中观察孩子。

☆家长观察笔记

03 儿童迈向“总能服从”阶段

蒙台梭利老师怎么说

服从的第二个阶段是儿童表现得“总能服从”。这一阶段，儿童发展起来自己的能力，接受自己的意志的同时也能接受别人意志的指挥。从整个服从能力的成长阶段来看，这一时期对他们和我们来说，无疑都是一个巨大的转变或是巨大的进步，就好像是一种语言被翻译成另外一种语言为他人所理解了一样。儿童领悟了成人的要求并能够准确地完成它，这正是我们教育工作者希望看到的。

——摘自《儿童的心智》

专家解读

服从有主动服从和被动服从的区别。对成人而言，孩子的主动服从与被动服从差别不大，其结果都是按照自己的意志去完成某件事情。但是对孩子而言，主动服从和被动服从显然不同。主动服从时，孩子的内心是欢愉的，是充满正能量的，这种欢愉与正能量来源于他的意志与成人的意志相符合；但是被动服从却迥然不同，孩子内心是愤愤不平的，是一种屈服于权威下的顺从，他们从中得不到正能量，成人的意志只是强加在孩子身上。

我们现在的教育体系中，被动服从还是占大多数，这是我们教育工作者的失败。我们要积极主动地寻找其中原因，并通过改变对待孩子的方式去让他们主动服从我们。

游戏配合

游戏名称：动物名字说说说

适用年龄：4~5 岁

游戏目的：锻炼孩子的意志力，为服从打下基础。

游戏方式：

Step 1

家庭成员围坐在一起，从中挑选一个人负责点名。

Step 2

点名人开始点名。点到谁的名字，谁就报出一个动物的名字，后面被点到的就不能重复前面人已经报出的动物的名字。

Step 3

点名一遍后，从头开始再次点名。第二次点名时，被点人报出的动物的名字不能和第一次报出的一样。

☆家长观察笔记

04 儿童进入“渴望服从”阶段

蒙台梭利老师怎么说

服从的第三个阶段就是“渴望服从”。这一阶段，儿童认识到自己的能力有限，他们会主动服从比自己能力强的成人，这个成人在他们眼里是高大的，是无所不能的。他们期待自己可以成为像这个成人一样的人，所以他们会有迫不及待地服从的欲望。举一个并不恰当的例子：小狗会很喜欢与主人一起玩耍，它会等着主人下达命令，会盯着主人手里的球。当主人把球抛出去时，它会立刻冲出去把球捡回来。在整个过程中，小狗都表现得相当开心并感到十分有成就感。这一阶段的儿童也会因为服从而获得乐趣，他们把准确服从一个人的指挥看成一件特别有成就感的事情。

一个有着 10 年教学经验的女教师向我说了一件有趣的事情。有一天，她对孩子们说：“收拾好东西，今晚回家前。”孩子们没有等她把话说完，只听到“收拾好东西”就立即认真且迅速地执行了她的命令。在这之后，孩子们才听到是“今晚回家前”。其实这位教师应该说：“今晚回家前，收拾好东西。”她说这种事情发生过好多次，这使她感觉到一种负担，她没有经过深思熟虑就说出一句话，觉得对不起孩子们。她班级里的学员们都是非常服从她的，有时她只要把“肃静”写在黑板上，就足以让孩子们保持安静，甚至在她写出“肃”字的时候，这种安静的场面就已经发生了。

——摘自《儿童的心智》

专家解读

一个人服从另外一个人是一种内心需要的外在表现。我们想让孩子服从我们，就要从他们的内心着手，培养他们的意志，顺应他们的内在力量，从而让服从变得经常发生。实际上，服从能力只是意志发展的最后阶段，培养学生的意志，增强他们的意志力会使服从变得轻而易举。

“123 木头人”这个游戏在很多地方都有，只是形式不同，但是核心思想都是一样的，就是让孩子保持一定时间段的静止。从剧烈的运动突然变得安静下来，对孩子而言是有难度的，但是它的游戏性也比较强，所以还是有许多孩子愿意参与其中。

游戏配合

游戏名称：123 木头人

适用年龄：3~4 岁

游戏目的：平衡孩子的冲动与抑制，锻炼他们的意志力。

游戏方式：

Step 1

家长与孩子约定好游戏规则：几个人一起玩，其中一个人作为“抓手”，其他人会

躲避“抓手”，如果实在躲不开时就喊“123 木头人”。喊了“123 木头人”的人就要原地静止不动，等待其他自由人触碰解救自己，否则就是犯规。如果“抓手”碰到没喊“123 木头人”的人，那个人就会成为“抓手”，而原“抓手”就会成为自由人的一员。

Step 2

游戏开始，选出一个“抓手”，开始游戏，在游戏中要遵守游戏规则，喊过“123 木头人”的人就要一动不动。

Step 3

参加游戏的人可以轮流当“抓手”，看谁比赛先犯规。

☆家长观察笔记

05 儿童具有“同时”服从的习惯

蒙台梭利老师怎么说

我发现在儿童的服从行为中包含另一种更深层次的含义——整体性，即孩子们具有“同时”服从的习惯，他们有潜在的集体意识。一个班级里，只有所有的儿童都保持了安静，那么教室才能真正地安静下来，如果在这个过程中有一个儿童没有安静，那么大家为安静所做出的努力就会付之东流。大家有意识地保持安静，那么集体意识就油然而生。

我将“安静游戏”引入课堂当中，在这个游戏不断深入的过程中，孩子们的集体意识越来越强，保持安静的时间也会越来越长。后来我在“安静游戏”中又加入了“点名”环节。孩子们尽量保持教室安静，我会轻声喊出一个儿童的名字，被叫到名字的儿童会小心翼翼地站起来，其他儿童保持不动。要想从座位上站起来并不能发出任何声音是有难度的，他们必须非常小心。这就比“安静游戏”的时间长，后面被叫到名字的儿童需要等待漫长的时间。而等待是很考验儿童耐心的，他们必须抑制住自己想动的欲望，这无形中就锻炼了他们的意志力。

有强烈服从意识的儿童是非常有发展前途的，因为他们能够很快执行教师下达的命令。所以，教儿童的教师就要对命令和服从有深刻的了解，在教学中避免将自己的意志强加在儿童身上，这是所有教师都该具备的。

——摘自《蒙台梭利敏感期早教手册》

专家解读

通过游戏去锻炼、培养孩子的服从意识是非常好的一个方法，但是在游戏过程中成人要避免带有惩罚机制，必须是通过引导和游戏来达到目的，一旦有惩罚机制，那么游戏的目的就无法达到。

游戏配合

游戏名称：不要说话

适用年龄：3~4 岁

游戏目的：锻炼孩子的意志力，培养孩子的服从意识。

游戏方式：

Step 1

一家人约定某个时间段内，大家所有的动作都要轻轻地进行，避免发出任何声响。

Step 2

游戏开始，大家可以选择任何姿势，但就是要保持安静，避免发出任何声响。

Step 3

比赛看谁保持不发出声响的时间久。

☆家长观察笔记

Part 7
建立儿童身体与精神的自由独立

01 允许儿童“自由”成长

蒙台梭利老师怎么说

如果儿童正常发展，就会显示出明显的独立倾向。其实，人从生命之初就在努力地争取着独立，在自然发展中，儿童会获得越来越大的独立性，就像离弦的箭一样，准确而强劲地发射出去。儿童获取独立与自由是自然发展的过程，这就是珀西·农所说的“生命冲力”，即个体存在一种强劲的生命力，它自会指导生命个体不断地进化。

儿童发展自身的独立与自由包括身体层面和精神层面，关于要给予儿童身体层面与精神层面的独立与自由，给出令人信服的理由其实并不是一件容易的事情。看看我们以前是怎样对待新生儿的：人们会给婴儿戴上帽子以防止他们长大之后耳朵突出来；有的妈妈还会时不时地捋一捋或是捏一捏婴儿的小鼻子，她们认为这样做会让婴儿长出又高又尖的鼻子。但是决定儿童耳朵与鼻子长成什么样子的并不是这些外在的力量，而是自然规律。我们只需顺应自然，给予儿童足够的自由，他们就会长成他们该长成的模样，而我们人为的干涉并不能改变什么。

同样，在儿童精神层面上，我们也会有误解。我们曾经认为，我们可以帮助儿童形成性格、发展智力，教他们表达情感。所以，我们会时常忧虑：我们要怎样帮助儿童发展这些能力呢？就像是捏一捏儿童的鼻子那样，我们也要用一些方法去束缚他们吗？但是，实际上，儿童的性格、智力、情感等与身体一样，是受自然控制且伴着身体发展而自然形成的，我们只需给予他们足够的自由让他们自然地成长起来，所以我们要始终遵循一点：不为儿童的自然发展设置任何障碍。我们教育工作者应该思考的问题是：应该给儿童怎样的自由，设计出怎样的一套教育方法，才能更好地帮助儿童成长。

——摘自《发现孩子》

专家解读

在我们以前的观念里，孩子刚开始的成长都是没有意识的，只有当他们的自主意识发展到一定阶段，他们才会出现主观意识下的成长，而在他们没有形成主观意识之前，我们就有义务帮助孩子构建他们的意识。但是蒙台梭利用大量的实验和分析向我们揭露了孩子的成长过程是顺应自然的成长之旅，我们能做的其实十分之少，我们只需要顺应孩子的成长规律，并在他们需要的时候做出一定的指导即可。

游戏配合

游戏名称：花儿“喝水”

适用年龄：3~4 岁

游戏目的：培养孩子独立做家务的能力。

游戏方式：

Step 1

妈妈领着孩子看家里的花儿并找出其中需要浇水的花儿，然后对孩子说：“花儿好可怜，它们想“喝水”了，我们去给它们浇水吧！”孩子同意后，妈妈和孩子一起准备浇水的工具。

Step 2

将矿泉水瓶的瓶盖拧下来，在盖子上扎几个孔，这个过程要和孩子一起完成，并向孩子讲解矿泉水瓶喷壶的用法。

Step 3

盛水后和孩子一起去浇花儿，约定几天后再一起给花儿浇水，并一直坚持下去。

☆家长观察笔记

02 半岁是儿童走向独立的重要节点

蒙台梭利老师怎么说

半岁是儿童走向独立过程中有纪念意义的一个阶段，在这个阶段里，儿童无论在语言能力还是在行走能力方面都会有十分明显的进步，要知道这些都是他们走向独立的基础。

半岁大的儿童会长出第一颗牙齿，他们的胃脏开始分泌消化所需要的胃酸，这种自然的身体发展会让他们不吃母乳就可以活下去。要知道这是多么大的进步，因为在这之前他们是接受不了任何其他的食物的！我们可以看出这个时期他们赢得了多么明显的独立，这就好像半岁大的婴儿在对我们说：“我不想再依赖妈妈生存了，我是独立的个体，我现在能吃任何食物了。”同时，在这个时期，儿童开始牙牙学语。掌握语言是儿童在赢得独立之路上又迈出的一大步，一旦获得语言能力，他们就能表达自己的意愿，而不再需要别人猜测他们的想法。

再过一段时间，一岁多的儿童开始学习走路，对他们而言，走路并不是一件简单的事情。在半岁之前他们的小脑与某些神经和骨骼并没有得到充分的发育，他们就没有能够走路的身体基础，但是在半岁时，婴儿的小脑开始迅速发育，这种迅速发展的阶段会持续 14~15 个月，加之神经系统和骨骼的发育，儿童开始具备走路的能力。学会了走路，儿童就可以去他们想去的地方，他们在通往独立与自由的路上再一次迈出了巨大的一步。

——摘自《儿童的心智》

专家解读

蒙台梭利认为，在影响孩子自由独立的因素中，身体因素是最重要的，事实上也是如此。孩子的心理成长和他们的生理发展息息相关，或者说，孩子能做什么事情就意味着他们的心理发展到什么阶段。有的孩子三四岁时就显得很独立，能够自己去做很多事情，但有的孩子即使上了小学还不会系鞋带，就是这个道理。

但是孩子发育到足够能做事与真正能开始做事是有差别的，生理发育只是为孩子能够独立做事提供了基础而已，这一点我们要十分清楚。因为孩子自己能够真正去做事，除了生理支持，还需要有长足的学习与锻炼。

游戏配合

游戏名称：洗手绢

适用年龄：3~4 岁

游戏目的：培养孩子独立做事的能力。

游戏方式：

Step 1

妈妈用手洗衣服，让孩子在一边看着。

Step 2

妈妈引导孩子说：“看妈妈洗衣服多有趣，宝贝要不要试一试啊？看，还有泡泡呢！”引导到孩子同意为止。

Step 3

给孩子一个小盆、一块可爱的脏手绢、一块小肥皂和一个小凳子，然后指导孩子进行清洗。

Step 4

洗好后，指导孩子拧干水分，一起晾晒起来。

☆家长观察笔记

03 环境对儿童自由独立的影响

蒙台梭利老师怎么说

在一切顺应自然的发展过程中，儿童的身体得到发展，他们有了消化、说话、行走等走向自由独立的身体支持，当然心理和身体是共同发展的。但是有了这些支持并不是目的所在，就像我们的身体发展出说话所需要的器官并不是目的，说话、与人交流才是我们的目的。我们要想让自然创造出的这些东西发挥其应有的作用，一旦器官发育完成，我们就应该立即投入使用当中，当然使用是要在一定的生活环境下才能够完成的。在适当的环境中，儿童会积累经验，如果没有这些经验，器官就不能正常发挥作用，儿童只有通过环境经验才能发展，我们把这种经验体会称为儿童的“工作”。

儿童一切的发展都应该顺应自然要求，那么我们为了满足他们顺应自然的、独立自由的发展要求，就应该给予适合他们发展的生活环境与学习环境。在现实生活中，很多儿童都对他们所处的环境表现出反感的情绪，在他们看来，周围的一切都难以应对，于是他们变得任性、无理取闹，这些其实都是他们对我们进行反抗的表现，问题就在于我们没有给他们提供一个适宜的环境。我们需要给他们的环境应该是这样的：在这个环境中，他们可以自愿把玩自己感兴趣的东西；成人只是引导儿童进入有序、主动的环境当中。然后，他们根据自己的成长需要进行“工作”，我们不去做过多干涉；我们成人也不再是“法官”而是观察者，只是在他们需要我们指导时适时出现；他们在这个环境中汲取知识，成为意志坚强的人。

——摘自《儿童的心智》

专家解读

在生活中，其实家长有时并不是不想给孩子一个适合他们发展的成长环境，只是大多数情况下我们对孩子缺乏相应的信心，我们不相信孩子离开我们的帮助可以独自去做事情。其实这也不能怪家长，毕竟很长一段时间内，家长都在扮演着“法官”的角色，他们用自己的意志去判断孩子哪些该做、哪些不该做。我们家长也需要时间去改变自己，从而以蒙台梭利的教育理念去对待我们的孩子。

游戏配合

游戏名称：今天我做主

适用年龄：4~5 岁

游戏目的：培养孩子独立做决定的能力。

游戏方式：

Step 1

在一个休息时间，家长与孩子进行游戏，家里约定：今天由孩子做主，孩子可以决定家人一天的安排，包括吃什么、什么时候休息等大大小小的一切事情。

Step 2

要求孩子在做出每一个决定时说出 3 个这样做的理由，如果理由合理，家长会照做；如果理由不合理，家长会予以反驳。

Step 3

与孩子约定每个月都会有一天由孩子当家做主，孩子可以提前进行安排并想好理由。

☆家长观察笔记

04 儿童通过自由独立建立自身个性

蒙台梭利老师怎么说

儿童在成长过程中逐步扩大自己的活动范围，也就是在逐步扩大自己独立做事情的范围。他们会去拿东西、穿鞋子、脱衣服等，我们会发现在刚开始，这些事情我们并没有要求他们去做，但是他们自己主动去做，这无疑就是他们的自然行为，是自然发展要求他们这样去做。但有时我们会出于各种各样的原因阻止他们独自去做，这无疑是错误的。毫无疑问，他们刚开始做这些时是莽撞的、做不好的，但是如果我们去阻止，就等于是在违背他们的自然成长法则。

那么儿童为什么会自然而然地追求自由与独立呢？原因就在于，他们获得自由与独立之后才可以不断地去保护自己的个性。

儿童的性格构造也是分时间段的。第一时期是在 0~6 岁，这个年龄阶段是人生的关键时期，在这个时期儿童不会受到榜样和外在强迫的影响，他们的性格是由自身发展所决定的；第二时期是在 6~12 岁，这一时期儿童开始认识到什么是善恶，他们会对自己的行为负责，道德意识也开始形成并在以后发展成社会意识；第三时期是在

12~18岁，这一时期儿童会萌生出对国家的热爱之情、集体归属感和荣誉感。在日常生活中，我们时常会发现很多儿童在性格方面都存在这样或那样的问题，通常可以分为两类，即强势性格和弱势性格。前者会表现出任性、容易发火、具有伤害性等特点，他们通常具有极强的占有欲、注意力不集中等表现；后者则会表现出懒惰和迟钝，他们通常缺乏食欲或是贪吃，他们会容易说谎或是依赖性很强。这些性格问题都是儿童在第一时期受到错误的对待造成的。在第一时期，儿童通常被大人忽略，他们的心智是空白的，加之在这一时期，家长没有给他们提供充足的活动机会。家长总是为他们大包大揽，没有给予他们足够的观察事物的机会，例如，总是不让他们去碰物品，不让他们亲自做事情等。久而久之，儿童就会出现性格上的缺陷。

但是一旦儿童获得自由与独立，就可以自由地发展他们的个性。在自由与独立的支撑之下，儿童会沿着好的性格方向发展。所以，把塑造儿童性格的工作交给他们自己是我们家长迫切需要去做的事情，但是这并不是说家长可以对儿童放任自流，而是在自由原则下更积极地照顾与帮助儿童。

——摘自《儿童的心智》

专家解读

在日常生活中，如果孩子有以下现象，那么就该反省我们自身的教育策略。第一，孩子非常反对我们的帮助，比如，给孩子喂饭时，他们会抢我们的饭勺；第二，孩子对外界的事物没有兴趣；第三，孩子总是请求别人帮助，自己没有克服困难的欲望；第四，孩子没有兴趣去做出选择，而且对家长为他们做出的选择毫不反抗。这些现象一旦出现，就说明孩子在自立能力上出现了问题，我们要及时纠正教育策略，帮助孩子构筑自身良好的性格。

游戏配合

游戏名称：过家家

适用年龄：4~5 岁

游戏目的：培养孩子的独立意识。

游戏方式：

Step 1

妈妈陪孩子一起玩“过家家”游戏——做饭。妈妈模拟一个场景：一会儿客人会来家里吃饭，所以宝贝和妈妈要一起做饭招待客人。

Step 2

妈妈给孩子提问：“今天我们要做什么菜呢？”让孩子给出建议，然后，孩子开始“做饭”，妈妈在一旁辅助。

Step 3

没有盐了怎么办？缺双筷子怎么办？在游戏过程中要给孩子设置各种问题让孩子进行解答。

☆家长观察笔记

后记

从北京师范大学毕业后一心致力于教育事业，如今如愿实现。每天，当我站在教室，面对一张张质朴的脸庞，授予他们知识时，我都倍感荣耀。

俗语说“十年树木，百年树人”，果然如此。每每和学生们在一起，或是探讨问题，或是一起参加体育活动，我都能从他们身上感受到一股朝气蓬勃的力量。同时也深知自己作为学生们的榜样，肩膀上的责任重大。

在教学过程中，每个教师、家长都会遇到问题，无论是教学方法方面的，还是学生个人方面的，我想大多数人都为此感到头疼、不解。我也遇到过这些问题，所以总是翻开书籍，希望能从中找到解决之法。

当我翻开蒙台梭利文集时，内心就被这位慈祥的教育学家的思想和心得深深折服，她不愧为“20 世纪最伟大的科学与进步的教育家”。她在文章中提到的很多观点，值得今天的我们拿出来细细研究，我想这也有可能是未来教育改革所不可缺少的参考；她提出了很多教学方法，我认为这些论述对学生的教育也是很有帮助的。所以，我和众多教育工作者探讨了这个问题，并决定从蒙台梭利的论述中提取若干可以帮助学生进步的方法，希望对学生和教育工作者有所启发与帮助。

在探讨观点和实验教学方法的过程中，我们遇到了诸多困难，但都一一克服，力争把最好、最全面的观点和方法呈现出来，以供家长和孩子们练习。在此感谢所有参

与编辑此套书籍的工作人员，一并感谢帮助出版此书的有识之士，感谢你们为教育事业所做的贡献！

我们都以一颗赤诚的心，将精力奉献给祖国未来的花朵，我想这将是利国利民的实事、好事。人们总把教师称为“人类灵魂的工程师”，此刻我由衷地认为任何对教育有帮助、有贡献的人都应享此荣誉。

最后，作为一名受家长信赖、受社会大众委任的人民教师，我将继续义无反顾地投身于教书育人的事业，与同事将这些新的教育方法运用在教学过程中，并不断地总结经验，力图能像蒙台梭利所述的那样，让孩子们在自由中成长，在学习中进步，在教育中成才。

唐玉芸

蒙台梭利

家庭快乐课堂

培养运动能力的30个亲子游戏

[意]玛丽亚·蒙台梭利_著
唐玉芸_编译

0~6岁

西苑出版社
XIYUAN PUBLISHING HOUSE
·北京·

图书在版编目（CIP）数据

蒙台梭利家庭快乐课堂．情商专辑．培养运动能力的30个亲子游戏：0～6岁／（意）玛丽亚·蒙台梭利著；唐玉芸编译．-- 北京：西苑出版社，2021.3

ISBN 978-7-5151-0778-3

Ⅰ．①蒙… Ⅱ．①玛… ②唐… Ⅲ．①运动能力－能力培养－学前教育－教学参考资料 Ⅳ．① G613

中国版本图书馆 CIP 数据核字（2020）第 261819 号

蒙台梭利家庭快乐课堂．情商专辑．培养运动能力的 30 个亲子游戏：0～6 岁

MENGTAISUOLI JIATING KUAILE KETANG. QINGSHANG ZHUANJI. PEIYANG YUNDONG NENGLI DE 30 GE QINZI YOUXI: 0～6 SUI

责任编辑	汪昊宇　刘　崴
装帧设计	仙　境
出版发行	西苑出版社 XIYUAN PUBLISHING HOUSE
地　　址	北京市朝阳区和平街 11 区 37 号楼　邮政编码：100013
电　　话	010-88636419
印　　刷	三河市东兴印刷有限公司
开　　本	880mm×1230mm　1/24
字　　数	102 千字
印　　张	5
版　　次	2021 年 4 月第 1 版
印　　次	2021 年 4 月第 1 次印刷
书　　号	ISBN 978-7-5151-0778-3
定　　价	118.00 元（全 3 册）

发现成长的秘密，给儿童科学的教导

玛丽亚·蒙台梭利是20世纪享誉全球的幼儿教育家，她所创立的幼儿教育方法的特点在于对儿童早期教育的重视。《西方教育史》称她为“20世纪赢得欧洲和世界承认的最伟大的科学与进步的教育家”。

1907年，蒙台梭利在罗马的贫民区建立了一所“儿童之家”，她运用自己独创的方法对那些招收来的3~6岁的儿童加以教育，结果使得那些出身“普通的、贫寒的”儿童的心智发生了巨大转变，他们皆被培养成了聪明、自信、有教养、生机勃勃的少年英才。于是，人们纷纷仿照蒙台梭利的教育模式建立了许多“儿童之家”。1909年，由蒙台梭利编写的《运用于“儿童之家”的科学教育方法》一书出版上市，很快便被译成20多种文字在世界各地流传。随后有100多个国家引进了蒙台梭利的方法，蒙台梭利在世界范围内引起了一场幼儿教育的革命。

由蒙台梭利提出的蒙氏教育法是一种针对儿童及幼儿的教育理念。蒙台梭利在很大程度上接受了卢梭、裴斯泰洛齐、福禄贝尔的自然教育与自由教育的观点，并根据自己的实际观察和实验研究提出了一种全新的教育理念，旨在全面提升儿童素质，发展儿童潜能。

读过蒙台梭利系列图书的读者对于儿童的教育问题会形成一种脱胎换骨般的认知，

能够感受到蒙氏教育法对儿童的尊重、对生命的尊重，从人性与生命的角度去揭示儿童成长的秘密，揭露教育的本质。在这一点上，这是以往的教育方法并不具备的。

蒙台梭利利用儿童自身的成长要求，在不损害儿童的自由与快乐的前提下，实现教育的目的。她认为，儿童有与生俱来的“内在生命力”，这是一种积极的、不断发展的无穷力量，而教育的任务是对儿童“内在生命力”的激发和促进，并不是强行地向儿童灌注成人的思想。所以，教师和父母要想帮助儿童获得良好的身心发展，必须先了解儿童的内心世界，从儿童自由与自发的活动中去仔细地观察和研究。

蒙台梭利认为：“儿童有绝对的自主权，让他们自己决定玩什么、学什么。”与传统的教育方法有所不同，蒙氏教育法的目的是帮助儿童自然地成长，更强调对儿童的秩序感、专心度、独立能力和手眼协调能力方面的培养，为儿童提供他们所需要的活动环境，让儿童感受到绝对的自由和尊重，让他们快乐地成为他们自己。

据此，蒙台梭利为学龄前儿童设计出一整套有效引导儿童迅速成长的训练方法。她提倡教育应当以儿童为中心，把握儿童的敏感期，注重儿童智慧与品格的养成，尊重儿童的成长步调等，对儿童进行体育、感官、知识、生活等多方面的教育。

蒙氏教育法源于对儿童的充分了解和研究，其中包含着很多有价值的教育观点，在她的著作中均有详细介绍。在此，我们为了让读者更好地了解她的教育观点，特地编译了这套“蒙台梭利系列”图书，在尊重原著的基础上，对原著内容进行了筛选和调整，力求能够让蒙台梭利的教育理念更容易被家长理解和运用。

本套书为情商专辑，包括《蒙台梭利家庭快乐课堂：培养感觉能力的33个亲子游戏（0~6岁）》《蒙台梭利家庭快乐课堂：培养生活习惯的30个亲子游戏（0~6岁）》《蒙台梭利家庭快乐课堂：培养运动能力的30个亲子游戏（0~6岁）》。这3本书的侧重点不同，从儿童不同方面的教育培养入手，其中《蒙台梭利家庭快乐课堂：培养感觉能力的33个亲子游戏（0~6岁）》是对儿童的视、听、嗅、味、触方面的能力进行激发和拓

展训练指导;《蒙台梭利家庭快乐课堂：培养生活习惯的30个亲子游戏（0~6岁）》是对儿童的卫生习惯、饮食习惯、行为习惯和品格习惯的系统培养指导;《蒙台梭利家庭快乐课堂：培养运动能力的30个亲子游戏（0~6岁）》是对儿童的身体机能、肌肉、行动方面的训练指导。

我们希望通过这套书，来指引家长更科学地对待儿童，给予儿童最佳的教育方式。这套书并不是晦涩难懂的理论书，而是操作性很强的工具书，其中包括摘自蒙台梭利原著的“蒙台梭利老师怎么说”，针对我国国情和目前家庭教育现状提出的“专家解读”，以及供家长参考的训练游戏“游戏配合”这三大模块的内容。

蒙台梭利的教育思想和她的著作风靡全球，赢得了广泛的好评。在当前的中国社会中，教育问题丛生，家长为了孩子的教育也是操碎了心。所以，我们更是需要一套有效的教育方法来做指引。我们希望，在认真阅读本套书之后，所有的家长都能够更加科学地对待儿童，找到适合他们的最佳的教育方式。

前言

让孩子自由自在地去玩吧

在现代社会里，孩子所承受的压力似乎没有多少成人能感同身受。对家庭来说，孩子是家长心中的小天使，他们头上的光环无不体现着家长对他们成才的渴望；对社会来说，孩子是祖国的小花朵，他们身上承载着未来社会接班人的责任。没错，任何一个时代，儿童这个角色以及他们的成长都是重中之重的话题。

然而，我们忽略了孩子作为主角的心情。也许，他们只想过一个无拘无束的童年。我们看到，刚刚降生的婴儿是柔弱的，他们不得不接受家长、长辈、襁褓的束缚。在孩子的四肢开始发育的时候，他们想要通过爬行来满足注意力驱使下的好奇心，但是他们被制止了。等孩子再长大一些，他们对家长的力量感到崇拜，他们想要通过自己的力量去完成一些事情，尽管他们的力量非常之薄弱。他们不厌其烦地去模仿，但是他们总是被打扰。再后来，孩子要面临智力的考验，各种各样的评比，于是他们不得不牺牲运动带来的快乐。

这是一个社会话题，恐怕连家长和教育工作者也同样认为，孩子的智力发展关系到未来的生活和工作，因此智力和学习是非常关键的，以至于他们忽略了孩子在成长的过程中是需要不断的肌体锻炼来增强体魄的。

我们在这里提倡的是，给予孩子自由，无论是在孩子成长的哪个阶段。让他们自主地去学习、去运动，来完成自发的成长。此时，孩子有更多的选择权，他们可以支配自己的时间，投放到自己喜欢的活动中去；他们可以有足够的自由，去探索自己感兴趣的事情；他们可以独自模仿，也可以成群结队一起玩耍，他们在娱乐和锻炼中得到知识、掌握经验。而家长和教育工作者应该有信心，相信孩子有这种自主成长的能力。我们要做的就是给予他们支持，让他们在心理上更加自信，去完成自己的成长任务。

给予孩子自由，让他们自由自在地去玩耍。家长和教育工作者的任务不是去命令、要求或是呵斥，而是科学地引导和帮助，在充分尊重孩子自主选择的前提下，不过多地干涉他们的行为，让他们在健康和充满阳光的环境中成长，让他们能遵从自己的心意去运动，体验在运动中得到的欢乐和历练。

当家长发现孩子在成长和锻炼中有失偏颇时，要适时给予纠正，协助他们走到正确的道路上来，这才是家长和教育工作者在教育中真正应该起到的作用，而这种协助是符合科学的、不伤及孩子心理的帮助。在其他方面，家长和教育工作者只要耐心观察与等待，孩子自然而然会变成优于自己的模样。

目录

Part 1

每个儿童都有强大的动手能力

Part 2

帮助儿童做好腿脚的锻炼

Part 3 提高儿童手脑并用的能力

Part 4 儿童的模仿能力

Part 5 儿童行动的节奏

Part 6

锻炼儿童的运动神经

Part 7

适宜儿童的肌肉锻炼

Part 1
每个儿童都有强大的动手能力

01 激发儿童的动手能力

蒙台梭利老师怎么说

观察人类历史上遗留下来的文物可以发现，大量手工艺作品会充分证明动手能力的重要性。不管是哪个文明，其鼎盛发展时期都会出现众多经典的手工艺作品。这些经典作品是如此的美妙，以至于再先进的现代化机器都很难仿造出来。即使是那些发展程度不高的文明，也会生产出带有强烈时代气息的手工艺作品，只不过它们大多显得很粗糙罢了。

手的作用繁多，将来也必然承担很多的工作。手究竟要承担什么样的工作？这个问题恐怕没有人能准确地回答出来。因为面对一个婴儿，我们无法马上断言他长大成人后会拥有哪种技能，从事哪种工作。人类工作中需要用手来完成的工作简直数不胜数。

所以，我们得出结论，激发儿童的动手能力，既可以帮助其智力得到发展，也有助于其身体运动能力的发展。

——摘自《有吸引力的心灵》

专家解读

在开发孩子的运动能力方面，家长应该着重意识到手的重要性。俗话说“十指连心”，这里的“心”也指大脑。手指的活动影响着大脑组织的发展，大脑组织的发展又关系到肢体的敏感程度。所以，孩子动手能力的强弱也是其运动能力强弱的表现。让孩子学会灵活地运用自己的手指，对他们运动能力的发展是有很大帮助的。

游戏配合

游戏名称：舀豆子

适用年龄：3 岁以上

游戏目的：锻炼孩子的手部肌肉控制能力。

游戏方式：

Step 1

家长教给孩子正确的握汤匙的姿势：用拇指、食指和中指捏住汤匙的把儿。然后家长给孩子做示范，如何把盘子里的豆子放进杯子里。

Step 2

尝试让孩子舀一汤匙的豆子，放进杯子里。

Step 3

当孩子动作慢慢熟练以后，让孩子开始尝试一汤匙舀固定数量的豆子，如每次舀5颗。

Step 4

左右手轮换进行这个动作。

☆家长观察笔记

02 儿童的手指运动

蒙台梭利老师怎么说

每一种复杂的行为都是由一系列前后连贯的具体动作组成的。在日常生活中，自己穿衣、脱衣就可以锻炼儿童的手指活动能力。

试想，我们穿外套时扣纽扣的过程就是一个很好的活动手指的机会。我们应当做的第一件事，是把外套的一边比着另一边对齐，让纽扣都对着扣眼儿的位置，然后在我们完全把纽扣按进扣眼儿之后，就开始将拇指穿过扣眼儿，从另一头抓住纽扣——在我们用拇指探寻着纽扣的时候，都没有意识到我们已经将它拉过扣眼儿扣好了。

除此之外，生活中还有很多活动手指的锻炼，如上锁、开锁的动作，我们要水平地握住钥匙、插入钥匙、转动钥匙，然后拉开抽屉或打开门；我们要翻开一本书，用手指轻轻地一次翻一页；等等。

——摘自《发现孩子》

专家解读

对孩子的手指锻炼，最好的方法就是让他们多参加活动，如做手工、用手指数数等。俗话说“熟能生巧”，经常活动手指，自然会有一双灵巧的手。

除此之外，经常活动和按摩手指，有消除疲劳、减轻精神负担、缓解紧张情绪的神奇功能。每个人的 10 根手指都对应着身体的各个部位，并起到调节和梳理的作用。所以，家长教孩子做手指操，不仅对孩子智力开发有帮助，对他们的身心健康也是非常有好处的。

游戏配合

游戏名称：卷纸棒

适用年龄：3 岁以上

游戏目的：锻炼孩子的手指活动能力。

游戏方式：

Step 1

准备一本杂志、一张 A4 纸、一张报纸。

Step 2

家长先做示范，把杂志平放在桌子上，

双手抓住装订的一边，然后慢慢将其卷成一根纸棒。

Step 3

尝试让孩子做这个动作，注意指导他手指和手掌的配合。

Step 4

等孩子熟练用杂志卷成纸棒后，开始让他用 A4 纸卷，最后用报纸卷。以能卷得均匀、不抓偏为标准。

☆家长观察笔记

03 左右手的配合

蒙台梭利老师怎么说

在“儿童之家”中，我们的孩子们每天要参加很多活动。他们一到学校，就要脱掉外套和帽子，并将外套挂在自己的衣帽钩上；孩子们要自己洗脸，脸盆旁边配备了小块肥皂、指甲刷和小毛巾；他们还要自己将衣服叠好放进袋子里，挂在墙上；他们还有一面镜子，可以看到自己的脸、发型；梳子放在桌子上，也可以给自己梳理头发。

除此之外，他们要负责教室是否干净整洁。如果教室内花瓶里的花朵已经枯萎，他们就要扔掉旧花，换上新花。他们用水和肥皂清洁桌子上的污渍，并且不能把水滴和面包屑落在地板上，否则就要用小扫帚清理干净。他们要检查椅子有没有摆放整齐，物件有没有放错地方等。

这些孩子们每天都要进行的活动，每一项都是对儿童动手能力的锻炼。他们有机会活动自己的双手，而不是等待或求助别人。

——摘自《发现孩子》

专家解读

当孩子有动手的能力时，家长就应该有意识地让他们自己去完成力所能及的事情。正如蒙台梭利提到的“儿童之家”中的孩子们的锻炼一样，尝试让他们亲力亲为，不要担心他们做不好。时间一长，不仅孩子的动手能力变强了，左右手更加协调，他们的生活习惯也得到了明显的改善。

游戏配合

游戏名称：连彩珠

适用年龄：5 岁以上

游戏目的：锻炼孩子的左右手协调能力。

游戏方式：

Step 1

准备鲜亮的、中间有孔的塑料球若干，钝头缝衣针一枚，棉线一根。

Step 2

家长先做示范，用左手捏住塑料球，右手用缝衣针把棉线穿过塑料球，连续穿几颗。可以将步骤放慢，让孩子记住穿珠步骤。

Step 3

尝试让孩子自己穿，家长全程陪同。

Step 4

让孩子左右手轮换进行这个动作，直到连接成一个串珠。

☆家长观察笔记

04 儿童需要一双灵巧的手

蒙台梭利老师怎么说

儿童是有天赋的。实验告诉我们可以根据儿童的年龄为他们分配任务。比如，在准备晚餐的工作中，2 岁的小家伙或许可以帮忙端端面包，4 岁半的儿童则可以端走盛着热汤的小锅。儿童并不关心这些工作是否重要，他们只知道能在环境中展现自己，并且没有被排斥和责骂，他们就感到很满足，并且下次还能保持足够的积极性。

不仅如此，我们知道儿童是有工作能力的。你会发现，一个小朋友在几分钟前细致地铺好了桌布，而此刻他站在餐桌前静静地沉思，想要根据客人的数目判断餐具的最佳摆放位置；一个面带微笑的小姑娘，缓缓地往玻璃杯中倒水，她既留意着不让水壶触到杯口，也控制着自己不在桌布上洒下一滴水；还有一群小朋友敏捷地端来一摞摞盘子，将其一一放在每张桌子上。他们在工作中得到满足感，如同音乐一般，带给他们优雅和惬意。

——摘自《发现孩子》

专家解读

每位家长都十分重视孩子的学习能力以及孩子智力的发展，因此经常忽略他们的劳动能力和工作积极性。一切学习都是为了工作服务的，家长要让孩子在劳动中得到快乐，他们的心理得到满足，才能更有效地去完成学习和工作。

游戏配合

游戏名称：插花

适用年龄：5 岁以上

游戏目的：锻炼孩子的动手能力。

游戏方式：

Step 1

准备各种各样的鲜花若干枝、花瓶和插花工具，如剪刀等。

Step 2

与孩子一起挑选要插的花，向孩子介绍各种花的名字、习性、花期等小知识。

Step 3

用剪刀在花枝末端斜剪出断面，将花插进花瓶里。

Step 4

插好所有的花后，根据花的种类和颜色搭配，调整一下花的位置，完成美丽的艺术品。

☆家长观察笔记

Part 2
帮助儿童做好腿脚的锻炼

01 引导儿童使用脚部力量

蒙台梭利老师怎么说

大自然是神奇的向导，它教会儿童如何四处活动。婴儿几乎不需要任何示范，就可以连续不断地做蹬腿运动。过不了多久，他们就可以很不协调地做翻身运动，去探索他们想要摸到的所有东西。3 岁时，他们总是摔倒在地上；9 岁时，他们不再需要在地板上舒展肢体，或是到处都要抓一抓、摸一摸。

婴儿在学会站立和走路前，可以采取各种各栏的姿势：仰卧时他们的手脚在空中飞舞、触碰；俯卧时他们的腹部贴地，跷起小腿，常常靠着肘部的力量支撑抬起肩膀；他们还喜欢另一种不同的姿势——坐在地板上，把身体的重心放在盘着的双腿上或是一条腿上，这样可以为他们提供一个更宽的支持平台。

无疑，他们习惯用上肢的力量，而腿和脚还在缓慢地生长着。当婴儿平静地选择改变姿势，比如尝试做翻身运动时，他们开始需要腿脚的力量，来帮助自己完成这个无须成人命令的动作。

——摘自《发现孩子》

专家解读

孩子四肢的成长、成熟并不相同，在锻炼孩子腿脚运动能力的时候，切忌过早扶着他们的双臂帮助他们站立或行走，一定要遵循自然的规律，让孩子自主地去完成翻身和爬行的动作，家长可以适当地引导他们使用腿脚的力量。

游戏配合

游戏名称：踢气球

适用年龄：6 个月以上

游戏目的：训练孩子使用腿脚的力量。

游戏方式：

Step 1

准备一只气球和一个铃铛，将铃铛系在吹起来的气球扎口上。

Step 2

让孩子躺在床上，将带铃铛的气球抛向孩子的腿脚。

Step 3

家长上下轻轻晃动孩子的腿脚，让气球和铃铛随着孩子的腿脚动作弹跳起来。

Step 4

当孩子被气球和铃铛声吸引后，让他自己摆动腿脚，带动气球和铃铛运动。

☆家长观察笔记

02 训练腿的控制力

蒙台梭利老师怎么说

3 岁时的儿童腿长只占身高的 38%，此后相对躯干而言，下肢会迅速生长，直到远远超过成人的比例。儿童到 7 岁时，腿长会占到身高的 57%。然而，在青春期之后，躯干尺寸会增加，最后达到普通成人的比例。这一与成长有关的基本要素，应当足以让我们理解为什么儿童有着不同的运动需求。我们有必要观察他们的自发运动，以便帮助他们获得最大限度的发展。

由于腿短，儿童必须付出很大的努力来保持平衡，所以他们以跑代走来隐藏自己的困难。当他们需要休息时，就平躺在地板上，把双腿举得高高的。儿童的家长此时可以采取一些措施，让他们尚未成熟的腿部活动起来，使他们的腿部变得强健。

——摘自《发现孩子》

专家解读

家长发现孩子有自主地向上爬的冲动，能沿着墙壁慢慢站起来时，说明孩子的腿部已经开始发育。为了让他们可以按照心意站得更稳，家长可以在休闲时间陪他们做腿部训练的运动，这样既帮助他们克服了心理上的障碍，又可以锻炼孩子腿部肌肉的力量，使孩子身心得到健康发展。

游戏配合

游戏名称：蹬三轮

适用年龄：2 岁以上

游戏目的：加强孩子腿的控制力。

游戏方式：

Step 1

在室内找一块面积较大的场所，在地板上铺一条平整的毯子。

Step 2

和孩子一起并排躺在毯子上，抬起双腿，像骑自行车一样在半空中蹬踏。

Step 3

和孩子相对而躺，与孩子脚对脚做蹬自行车的动作。

Step 4

和孩子一起躺好，抬起双腿，并拢双脚，每个人脚上托着一只毛绒玩具，谁的玩具先掉下来，谁就输了。

☆家长观察笔记

03 锻炼四肢爬行能力

蒙台梭利老师怎么说

儿童身体动作的发展会遵循时间顺序，遵循一定的发展规律，他们的躯干、腿脚、手的动作发展大都在 2 岁以内完成，特别是 1 岁以内时，儿童的动作发展更明显。比如，儿童 6 个月大时，在他人的帮助下可以坐起来，八九个月大时会爬行，10 个月大时能站起来，12 个月左右时能在别人的帮助下行走。

我们知道，哺乳动物大都是用四只脚走路的，而人是唯一用两只脚走路的。在人尚未学会直立行走之前，要先学会爬行。为此，儿童需要活动四肢，使他们的肢体充满力量，去完成更多的锻炼。

——摘自《发现孩子》

专家解读

当孩子的智力开始发育，他们的注意力受到外界影响。肢体本能地（未经大脑支配）进行活动，而在不断地活动的过程中，他们的四肢得到锻炼。当孩子将更多的注意力投注在事物上时，他们需要通过运动来获得，这时就到他们学习爬行的时候了。而家长要做的只是陪伴和观察，让他们自由地成长。

游戏配合

游戏名称：小乌龟

适用年龄：1 岁以上

游戏目的：锻炼孩子的四肢爬行能力。

游戏方式：

Step 1

在室内找一块面积较大的场所，在地板上平铺好泡沫地垫。

Step 2

在地垫的一端放一个玩具，将孩子抱到相反的方向。家长站在附近，一边拍手一边对孩子说：“宝贝爬到这里来！”

Step 3

在地垫上用床单摆一条路线，让孩子沿着路线爬行。也可以用枕头制造障碍，让孩子学习越过障碍。

☆家长观察笔记

04 过分保护与行走障碍

蒙台梭利老师怎么说

成人行走都是有目的的，他们为了抵达目的地，可以保持一定规律的步伐专心行走。对儿童而言，他们没有明确的目标，或者说他们行走的目的就是行走本身。他们需要通过这种运动来完善自己的行动能力、释放身体里的能量和满足内心的需求。通常，儿童的步调很慢，没有节奏，随时根据突然出现的某个东西而改变行动方向。在这种情况下，家长经常会这样做——拦住他们的去路或一把将他们抱起，回归到“正确”的道路上来。

还有一种情况，家长总是对儿童不怕撞墙、不怕跌倒的盲目行为胆战心惊，他们很快会从儿童学走路的欣喜转变成千方百计地保护儿童。

这些行为不能说是错误的，但负面影响也是极大的。

——摘自《发现孩子》

专家解读

蒙台梭利在她的文集中多次提到孩子的成长需要一定的自由，而孩子在学习行走时也同样需要主动权。家长要尽量适应孩子，不能总是按照自己的意愿来要求孩子。尤其是当孩子已经有行走能力时，家长认为孩子已经走了很长的路，生怕他们会累着，于是就抱着孩子走。这样，孩子慢慢就缺少了锻炼的机会，形成惰性，这是不利于他们健康成长的。

游戏配合

游戏名称：推着椅子走

适用年龄：1 岁以上

游戏目的：协调四肢运动，增强孩子的肢体平衡性。

游戏方式：

Step 1

准备一把木椅子，在一块相对光滑、平整的地面上，家长先给孩子做一个示范：双手扶住椅子靠背上端，推着椅子向前走。

Step 2

让孩子尝试自己扶住椅子走。

Step 3

家长在孩子前方 2~3 米处张开双臂吸引他的注意，鼓励他向家长这边走。

Step 4

在孩子行走的过程中，家长与孩子之间的距离要逐渐拉长。

☆家长观察笔记

05 儿童的行走能力

蒙台梭利老师怎么说

我们认为，人能走路并保持平衡，是人类发展进程中的正常现象，也是一条自然规律。

在儿童学习直线行走的时候，家长要给儿童做如何沿着直线走路的示范——把脚放在线上，也就是用脚的轴心踩住线，并且要让脚趾到脚后跟都踩在线上。当儿童用这种姿势向前走时，会感到自己随时会摔倒，而事实也的确如此。这就意味着他们必须保持身体平衡。当儿童开始自信地行走时，要教会他们如何克服另一个困难——迈出的一只脚的脚后跟擦着近处这只脚的脚尖。

这项练习不仅要求儿童努力保持平衡，还要密切关注脚下，以便把脚放在指定的位置。人们已经注意到儿童喜欢在平板或窄横木上行走，而这一锻炼方法满足了儿童行走的本能。

——摘自《发现孩子》

专家解读

生理学家通过研究，将人类在能够直立行走以前的学习过程分为 4 个阶段：第一阶段是学会端坐；第二阶段是学会翻身、爬行；第三阶段是站立；第四阶段是行走。学会独立行走，孩子才能获得更多的自由。但是要注意，这里的独立行走一定是按照孩子自己的意愿自主完成的。

游戏配合

游戏名称：一步两步走

适用年龄：2 岁以上

游戏目的：锻炼孩子的行走能力。

游戏方式：

Step 1

将房间内或户外清理出一块干净的地面，在地面上每隔一段距离放一本书或一个玩具，作为障碍物。

Step 2

家长拉着孩子的手，从地面的一端开始走起，一边走一边对孩子说：“左脚迈一步，右脚迈一步。”

Step 3

遇到障碍物的时候，家长可以指导孩子迈过障碍物：“抬起脚，迈过去”或者“从旁边绕过去”。

Step 4

家长走到另一端，让孩子自己走一遍。

☆家长观察笔记

Part 3

提高儿童手脑并用的能力

01 协调儿童的手眼能力

蒙台梭利老师怎么说

手是大脑的朋友，我们要感谢手，人类的文明很大程度上是靠手来传递的，手是祖先留给我们的最好的财产之一。手的活动受到大脑的控制，也最能表达出大脑的活动。而儿童对周围环境的关注，使他们的大脑得到发展，又通过不断的锻炼，动手的能力逐渐增强。

根据以往的经验，如果儿童没有机会使用自己的手进行活动，他们的个性发展就会相对缓慢。而那些有更多机会使用手的儿童，他们的心理发展会更快、更好，且他们的性格也会变得更坚强。

在“儿童之家”中的孩子们能得到很好的锻炼，他们可以用水壶往杯子里倒水、为餐桌铺餐布、记住香皂和毛巾摆放的确切位置（洗手的时候更方便），这些练习都能很好地锻炼孩子们的手脑协调能力，对他们的智力发展也是很有帮助的。

——摘自《发现孩子》

专家解读

孩子的智力成长是不同的，在同一年龄阶段内，有的孩子表现得很聪明灵巧，而有的孩子可能相对比较木讷。这些表现是跟他们平时的锻炼有关系的。根据经验，机灵的孩子一定好动，而相对木讷的孩子一定总是处在安静状态。所以，要让孩子积极地活动起来，在活动过程中让他们学会观察和模仿，促进脑力和行动力的发展。

游戏配合

游戏名称：装瓶子

适用年龄：5 岁以上

游戏目的：锻炼孩子的手眼协调能力。

游戏方式：

Step 1

准备干净干燥的矿泉水瓶子两个，黄豆、绿豆各一碗。

Step 2

家长做示范，用右手抓一把黄豆放在左手里，再抓一把绿豆放在左手里。然后再用右手将左手中的豆子一颗一颗按颜色分别放进不同的矿泉水瓶子里。

Step 3

让孩子自己完成这个动作。

Step 4

当孩子能完成这个动作后，与孩子比赛，看谁能先将碗里的豆子装完。

☆家长观察笔记

02 四肢灵活度

蒙台梭利老师怎么说

儿童具备了某些动作技巧，他们就会越来越感到自己的强壮。接下来，他们会不断进行练习、实践，使自己的能力得到更好的发挥。当儿童手的技能与腿部保持平衡的技能相结合后，他们就能走很长一段距离的路，去拿一些较重的物体。他们可以用胳膊抱着一个较大的罐子，一步步向前移动，然后很努力地保持平衡。或者很多儿童喜欢攀爬，喜欢抓住某些高处的东西把自己吊起来。这些动作都能锻炼儿童四肢的力量，这些锻炼使他们变得更加强壮。

——摘自《发现孩子》

专家解读

锻炼孩子四肢的灵活度，爬梯子是常见的训练项目。这个项目可以锻炼人的身体平衡能力、四肢协调能力等。但是注意，5岁以下的孩子应使用硬质梯子，在攀爬的过程中家长一定要注意孩子的安全。软质梯子适合年龄稍大一些的孩子，因为 5 岁左右的孩子四肢还不能完全掌控整个身体。

游戏配合

游戏名称：爬梯子

适用年龄：3 岁以上

游戏目的：锻炼孩子的四肢协调能力。

游戏方式：

Step 1

选择室内、游乐场或者社区健身公园的硬梯子进行活动。

Step 2

开始由家长搀扶孩子攀爬，孩子爬的时候，要双脚轮换向上爬。当孩子克服障碍爬到顶部时，家长要大声鼓励，然后让孩子尝试向下爬。

Step 3

当孩子能够相对熟练地完成攀爬动作以后，家长站在地面，鼓励孩子自己完成整个攀爬活动。

☆家长观察笔记

03 肢体与大脑的协调能力

蒙台梭利老师怎么说

我们经常会犯一个错误，就是把运动和其他功能割裂开来。例如，我们总是认为，进行体育运动只是为了保持自己的身体健康，是为了改善呼吸、饮食和睡眠等。事实上，我们不仅要考虑运动对身体的锻炼，还要考虑运动对大脑的作用，尤其是儿童。

我们应该清楚，儿童在运动方面的锻炼，不但有益于他们的身体，而且对他们的思想也是很重要的。身体和思想是一个整体，若将它们分开，就破坏了自然赋予它们的整体性。也就是说，运动的目的不仅是强身健体，也有利于智力的发展。

——摘自《发现孩子》

专家解读

锻炼孩子的肢体与大脑的协调能力，简单地说就是帮助他们锻炼肢体的平衡能力和四肢的灵活度。在日常锻炼中，家长可以通过一些运动，如纵跳、侧跳、前后跳、跳跃转向、手脚反向运动、站蹲撑立等运动，帮助孩子锻炼肢体与大脑的协调能力。

游戏配合

游戏名称：运送乒乓球

适用年龄：4 岁以上

游戏目的：锻炼孩子肢体与大脑的协调能力。

游戏方式：

Step 1

在室内或户外选择一块宽敞、无障碍物的地方，准备一副乒乓球拍和一个乒乓球。

Step 2

画一条线或选择一个参照物作为起点，在距离起点 5 米的地方放一只乒乓球拍，作为终点参照物。

Step 3

家长先做示范，将乒乓球放在球拍上，端着球拍从起点走向终点。路线尽量保持直线，行走过程中乒乓球不能掉下来。

Step 4

当孩子能掌控好步伐和球拍的平衡后，增加游戏难度，终点作为转折点，在手持球拍不掉球的情况下绕回到起点。

☆家长观察笔记

04 提高行动的敏捷度

蒙台梭利老师怎么说

当儿童有了一定的动手能力后，他们对周围的事物有着极大的兴趣。他们总是强烈地想要通过挪动、摆弄物体来显示自己的能力。他们不停地打开、关上抽屉，打开、扣上盒子的盖子，拿出衣橱里的衣服，把东西从瓶子里拿出来再放进去，把篮子里的衣服弄得满地都是。

没错，孩子们总是乐此不疲，而家长也总是很无奈，孩子们的“破坏”行动竟然如此强大，几乎可以说是以风驰电掣的速度来完成。不必担心，让他们尽情去行动吧！你会惊奇地发现，孩子们经过各种各样的活动，对自己手脚的控制能力越来越强，更加稳健的行动能力也开始迅速地发展。儿童的体内像是装了一个闹钟，时时唤起体内保持平衡的能力，这种能力来自儿童的大脑。也就是说，他们的大脑可以更加方便地支配四肢去完成想要做的工作。

——摘自《发现孩子》

专家解读

根据孩子运动能力的发展规律，家长在孩子不同的年龄阶段可以给予不同程度的锻炼。如哺乳期的婴儿，可以让孩子在床上翻身和滚爬，也可以在婴儿床上方适当的高度放置可以吸引他们注意的东西，如铃铛等手脚可以触摸的东西，让他们自主地触碰来完成运动练习。1 岁后，可以让孩子尝试从爬行到坐立、站立的练习。2~3 岁时，可以通过设置障碍等来锻炼孩子的行走、攀爬能力，从而帮助他们提高行动的敏捷度。

游戏配合

游戏名称：木头人

适用年龄：3 岁以上

游戏目的：训练孩子的反应能力，提高行动的敏捷度。

游戏方式：

Step 1

在户外选择一块宽敞、无障碍物的地方，组织 6~8 个小朋友一起玩。

Step 2

家长与孩子约定游戏规则：将所有的小朋友分为两组，首先由家长当“捕手”，其他小朋友则要躲开“捕手”的抓捕。如果躲不开可以高喊“木头人”，然后这个小朋友就要一动不动地站在原地，等待组员来触碰营救，否则就算犯规。如果“捕手”触碰到没喊“木头人”的人，这个人就要成为“捕手”，原“捕手”成为被抓的人。

Step 3

游戏开始，家长喊：“木头人开始行动！”然后开始追捕小朋友，直到换另一个人当“捕手”。

☆家长观察笔记

05 训练肢体的平衡能力

蒙台梭利老师怎么说

儿童动作的发展依赖于其大脑和小脑的发展，在他们完成动作的同时，小脑也在发展，小脑可以帮助儿童在进行动作时保持平衡。

低等动物四肢的发展是同时进行的，而人类则是上下肢分开发展的。人类上下肢的动作有不同的目的，也就是胳膊和腿会发挥不同的功能。简单地说，就是腿部要完成支撑身体和行动的功能，而胳膊和手要完成工作的功能。

回到四肢平衡上来，我们认为人之所以能走路并保持平衡，是大自然的杰作，而不像动物那样，要靠四肢自然垂地来完成行动。这是人类发展进程中的正常现象，也是一条自然规律。

人要获得控制自己站立或直立行走的平衡能力，就必须经过长时间的训练。为此，人需要将两只脚掌全部着地，而不像动物那样只用脚尖着地。之后，人的胳膊和手也并不像动物那样要保持身体的重心，它们从这一项功能中解脱出来，来完成预先决定的动作。指导手的工作只能由人的大脑来完成，而小脑的功能之一就是控制双腿和双手的平衡与协调。

——摘自《发现孩子》

专家解读

孩子在发育过程中，随着四肢的锻炼，小脑开始发育。在此过程中，家长一方面应注意锻炼孩子的运动能力，多参加户外活动；另一方面要注意加强营养，保持膳食平衡和孩子的心理健康。

游戏配合

游戏名称：过独木桥

适用年龄：3 岁以上

游戏目的：锻炼孩子的肢体平衡能力。

游戏方式：

Step 1

在室内或户外选择一块宽敞、无障碍物的地方，用木板或其他材料搭建一座 3~5 米的独木桥。

Step 2

家长先给孩子做示范：双臂与肩膀齐平张开，慢慢走上独木桥，双脚交替迈步通过。

Step 3

尝试让孩子学习这个动作。刚开始时，家长可以扶住孩子的一只胳膊，等孩子能够自己迈步行走后，鼓励孩子自己完成游戏。

Step 4

增加游戏难度，将独木桥加长；让孩子尝试走到尽头时转身往回走。

☆家长观察笔记

Part 4
儿童的模仿能力

01 发现儿童的模仿行为

蒙台梭利老师怎么说

儿童能安稳地走路了，也有了足够强壮的力量，这个时候，他们开始注意周围人的行为动作，并对其进行模仿了。这个时候儿童的模仿行为，不是别人要求他们这么做，而是他们自己内心的强烈需求。这是大自然的规律。

家长会发现，儿童在 1.5~2 岁，他们的语言模仿能力“大爆发”，儿童牙牙学语，想要表达一些什么思想。这个时期的儿童在不断地努力发展自己，我们要为儿童的努力提供适时的帮助。

儿童善于模仿家长，所以家长要按照正确的方式做事，以提供榜样让儿童更好地模仿，这也是成人的责任。

——摘自《有吸引力的心灵》

专家解读

孩子在发育过程中，随着四肢的锻炼，模仿能力增强。他们的模仿行为，不仅仅是身体发育的需要，还是一种心理上的模仿。孩子内心希望自己能够像成人那样，拥有强健的身体、灵活的四肢，也希望像他们一样聪明、勇敢，做一些有实际意义的事情。所以，家长应鼓励孩子的模仿行为，这是对他们的肯定，孩子能够根据自己的意愿完成身体和心理方面的成长。

游戏配合

游戏名称：洗果果

适用年龄：2 岁以上

游戏目的：鼓励孩子的模仿行为。

游戏方式：

Step 1

准备一些小型的瓜果，如樱桃、山楂、葡萄等，一个干净的水果盘，一个盛半盆温水的洗菜盆。

Step 2

家长先做示范：将一颗颗水果放进

洗菜盆里，用水反复揉搓、冲洗。

Step 3

尝试让孩子学习这个动作，然后将洗净的水果放在干净的水果盘里。

Step 4

家长最后将水果进行冲洗，和孩子分享劳动成果。

☆家长观察笔记

02 儿童的模仿与心理活动息息相关

蒙台梭利老师怎么说

儿童用手去完成一些模仿行为，如爬上爬下、动手去做自己的事情。他们通过这些活动来使自己的肌肉得到锻炼，才有更多的可能去模仿别人的行为。其实，行为本身并非儿童真正想要达到的目的，儿童实际上是借模仿行为来满足自己内在的需要和欲望。

在对别人进行模仿之前，儿童要完成身心的准备工作，只有这时，环境中的事物才会激发他们去模仿，如发现别人在做什么事，他们也会去做同样的事情。

——摘自《有吸引力的心灵》

专家解读

人们的模仿行为通常是出于对别人力量的崇拜，孩子的模仿行为也是如此。他们在心理上对成人巨大无比的力量产生羡慕，想要像成人一样可以随心所欲地完成很多有趣的事情，尽管他们的力量还很小，但阻止不了他们模仿的热情。他们在不断的模仿中满足自己的心理需要，总结经验，锻炼自己的身体，为以后能更加出色地完成真正的工作奠定基础。所以，家长不仅要懂得孩子的模仿行为所代表的意义，还要鼓励他们进行模仿，而不是随意地打断。

游戏配合

游戏名称：过家家

适用年龄：3 岁以上

游戏目的：锻炼孩子的模仿能力，引导其心理成长。

游戏方式：

Step 1

准备几把小椅子、地垫、毛绒玩具、儿童道具（塑料道具、碗、盆等）。

Step 2

在室内或户外选择一块宽敞、无障碍物的地方，让孩子自主分配角色，并利用已有的道具开始游戏。

Step 3

家长可以参加到孩子的游戏中去，如扮演孩子

的邻居敲门去做客等。

Step 4

游戏结束，与孩子互相分享自己的想法和愉快的心情。

☆家长观察笔记

03 不要随意打扰儿童的模仿行为

蒙台梭利老师怎么说

儿童做事时，假若有人打断他，往往会带来不好的效果。譬如，儿童已经能熟练地走路，并且想要像成人那样步调飞快，而此时家长往往没有给予足够的重视，要么抱着他走路，要么把他放在童车里。儿童喜欢模仿成人摆桌子，把很重的工具搬来搬去，拿一个比自己个头大很多的面包……直到干累为止。因为担心儿童累着，成人喜欢帮助儿童做事情。

家长不会知道，此时成人的帮助会阻碍儿童的行为，会影响儿童的心理发展。我们时时处处帮助儿童去做，这会让他产生一种自卑感，认为自己什么事情都做不好。而处在模仿时期的儿童，恰恰是儿童最想独立做事、锻炼独立能力的关键时期，家长一定要避免类似事件的发生。

——摘自《有吸引力的心灵》

专家解读

处于模仿时期的孩子会非常努力地去做好他们想要做的每一件事情，尽管这些事情对成人来说微不足道。孩子之所以有这样的表现，是因为他们的心理上有这样的需要。如果他们的行动被打断了，那么心理上得不到满足的孩子必然会出现性格问题。如果孩子在成长期间得不到好的性格培养，他们在日后的活动中就不太容易专心致志地做事，在各方面的表现也会略有偏颇。因此，给予孩子自由的活动空间，不要随意打断他们，模仿非常重要。

游戏配合

游戏名称：模仿秀

适用年龄：3 岁以上

游戏目的：让孩子在模仿中加强身体的锻炼。

游戏方式：

Step 1

与孩子面对面站好，对他说："我们来玩模仿游戏，好不好？妈妈做什么动作，宝宝就做什么动作。"征得孩子的同意。

Step 2

妈妈先从简单的动作开始，如抬胳膊、抬腿、弯腰，引导孩子进行模仿。

Step 3

开始进行一些相对困难的动作，例如，单腿站立，同时抬起左脚和左手，引导孩子学习。

Step 4

让孩子自由去完成一些动作。

☆家长观察笔记

04 儿童的模仿敏感期

蒙台梭利老师怎么说

当我们注意到儿童的模仿行为，知道这些“幼稚、可笑”的模仿动作对儿童心理、身体健康的意义之后，家长希望通过模仿能带给他们更多的好处。于是，家长不断强调自己的品德和言行，希求儿童的表现更加完美。大家都知道这样一种现象，想要孩子成为优秀的钢琴家，孩子不仅要做到会弹钢琴，还要不停地练习，以不断提高手指的弹奏技巧。家长总是认为，单纯让儿童进行模仿行为，就可以达到更高的水平，这个想法是错误的。事实上，如果儿童没有更深层次的心理准备，这是不可能达到的。

举例说明，成人会给儿童讲英雄或圣人的故事，希望自己的孩子也能像英雄或者圣人那样出色。但是事实告诉我们，没有人能通过模仿别人成为伟人，榜样的作用是燃起我们的希望、激发我们的兴趣、点燃我们的学习动力。要达到更高的高度，就必须在模仿后进行大量的创造性训练。

令我们惊喜的是，儿童在进行模仿时，常常会超越他们模仿的榜样，比榜样做得更好、更准确。大自然赋予人类模仿的能力，同时也赋予人类改变自己、逐渐接近甚至超越榜样的能力。

总之，儿童的发展有其自身的规律，我们要遵循这些规律去帮助他们，而不是将我们自己的意愿强加给他们。

——摘自《有吸引力的心灵》

专家解读

当孩子对运动特别感兴趣时，说明他们正处在模仿敏感期。他们总是表现为格外焦虑地学习应当如何行动，他们在心理上想要实现自己是行动的主人。也就是说，他们的模仿敏感期其实也是心理上的成长期。这一身体和心理的成长阶段，是培养孩子意志、兴趣的关键时期，家长正确的引导是非常重要的，有效的帮助不仅能培养孩子高尚的品行，还能帮助孩子养成良好的兴趣爱好。

游戏配合

游戏名称：收玩具

适用年龄：2~6 岁

游戏目的：让孩子在活动中模仿成人的秩序感和纪律。

游戏方式：

Step 1

准备一个孩子能够拖动、搬动的玩具收纳箱，一些毛绒、塑料玩具。

Step 2

将散落的玩具收拾到玩具收纳箱中，然后一一摆在家里合适的位置，再征求孩子的建议："这样放置小熊是不是很好？"

Step 3

尝试让孩子去收拾玩具，并将玩具摆放在合适的位置，在孩子每完成一次摆放时进行鼓励和赞美。

☆家长观察笔记

Part 5
儿童行动的节奏

01 成人和儿童的行动节奏

蒙台梭利老师怎么说

在儿童的成长环境中，成人的行为应当遵循这样的原则：放弃自己的需求，顺应儿童的需求。

一些成年的动物本能地做着类似的事情，它们根据幼崽的情况来调整自己的节奏。在象群中，我们常常可以看到这样有趣的情形：当一头母象把小象带到成年象群时，如此巨大的动物队伍放慢脚步，以便和小象的步伐协调一致，当小象感到疲劳停止前进时，整个象群会停下脚步。

从生理角度来说，很多成人会把儿童看成“小大人”，这是我们认知上的错误。因为在他们这个年龄阶段，身体有着自己的特征并且身体比例和成人是不一样的。在婴儿时期，他们几乎是平躺着向上踢腿，以此来表明他们的身体比例以及相关的身体诉求。又或者，他们更多是爬行前进的，因为同身体相比，他们此时的四肢较短。

在现实生活中，很多成人不让儿童赖在地上，也不让儿童伸展身体等，而是要他们和成人一起并排行走并且跟上成人。事实上，这是个致命错误，这很容易导致儿童腿部发育不好，很多儿童会出现罗圈腿。所以说，家长要清楚婴儿卫生保健中的这些重要细节。

我认为家长应该帮助儿童在练习中实现发展，我们提供的练习就是他们需要的运动，从而避免他们的下肢过度劳累。

——摘自《蒙台梭利科学教育法》

专家解读

在日常生活中，家长也可以使用不一样的辅助工具来帮助孩子进行下肢的锻炼。有一次，我在公园中看到一个 2 岁左右的孩子，他骑着一辆没有脚蹬的车，靠双腿和脚对地面用力，使车往前行走的。孩子的腰部不用使劲儿，这对孩子下肢的锻炼更为明显，并且，它的可移动性让孩子可以在各种各样的环境中使用到，而不只是在家里进行固定的锻炼。

游戏配合

游戏名称：荡“秋千”

适用年龄：1~2 岁

游戏目的：锻炼孩子的腿部的力量和腿部肌肉。

游戏方式：

Step 1

准备一把类似于秋千的摇椅，有一个非常宽的座位，孩子伸直双腿可以完全坐在上面，在摇椅前方一定距离的位置固定着一块木板。

Step 2

让孩子坐在摇椅上，用脚蹬摇椅的木板，孩子就可以自己在“秋千”上来回摆动。

Step 3

让孩子自己来回摆动，直到孩子要停下来。

Step 4

当孩子坐着来回摆动时，通过运动强健了下肢，并且也不必把重量全部压在腿上。

☆家长观察笔记

02 耐心对待儿童的行动迟缓

蒙台梭利老师怎么说

我曾经观察并持续追踪着一位日本爸爸，他领着一个不到 2 岁的男孩散步。他们走着走着，男孩突然抱上了爸爸的腿，这时爸爸立即止步，男孩就开始围着他的腿转着玩。当男孩做完游戏后，两人又开始慢慢地散步。但过了一会儿，男孩又坐在马路边上，此时爸爸也停下来站在一边，爸爸的面部表情严肃、从容；在男孩这一系列的活动中，他并没有做任何特殊的事情，他就是作为爸爸，领着自己的孩子散步。

在儿童的这个阶段，我们能做的就是尽可能让儿童做基本的走路练习。在这个阶段，儿童机体需要协调许多动作，趋向保持身体平衡，克服人类的巨大困难——靠双脚直立行走。

在“儿童之家”，我们带领儿童在房屋墙壁和中心花园之间列队行进。中心花园用篱笆围着，篱笆上有平行的几根铁丝。沿着篱笆和靠墙都放着一排小凳，因为时不时会有儿童掉队。但是他们很少会坐下来，而是跑向篱笆，侧着身子抓住上面一排铁丝，脚放在离地面最近的铁丝上，开心地看着其他伙伴继续前进。他们也会抓着铁丝，沿着篱笆继续前进，这样就可以使儿童双腿不必承受身体的全部重量。篱笆比较符合这个阶段儿童的身体需求，并且可以在不同的场景和环境中使用。

——摘自《蒙台梭利科学教育法》

专家解读

孩子在 1.5~2 岁这个阶段，向他们的独立迈出了一大步，他们开始以一种不可遏制的、勇往直前的冲动练习走路。他们走路时不瞻前顾后，像是不畏艰险、勇夺胜利的士兵。在这时，最首要的不是保护他们远离危险，阻碍他们前进，而是要帮助他们，更加稳健地、一步一步地获取这种自由。

游戏配合

游戏名称：散步

适用年龄：1.5~2 岁

游戏目的：对孩子开展行走训练，协调行走动作。

游戏方式：

Step 1

带孩子去公园散步，按照孩子的节奏进行。

Step 2

当孩子突然抱住家长的腿停下来，家长也停下来，让孩子自己玩或者和孩子一起玩游戏。

Step 3

孩子开始走的时候，家长也跟着孩子的节奏一起走。

Step 4

当孩子随地坐下休息的时候，家长也停下来看着孩子。

☆家长观察笔记

03 让儿童的行动力更快

蒙台梭利老师怎么说

在“儿童之家”，我们针对儿童的下肢和身体的协调性，设置了一系列的游戏。

在一个游戏中，我们采用一个建在螺旋形平面上的木梯，木梯的一边用栏杆围住，儿童也可以将手搭在上面。这个游戏的主要目的是使儿童习惯不抓栏杆就可以在木梯上爬上爬下，同时可以引导儿童以平衡自控的动作上上下下。这个木梯是根据儿童的身体特点设计的，相对我们平时生活中的楼梯来说比较矮。

儿童在绳梯的游戏中也会改善很多动作。当两个人一组玩绳梯时，可以改善如下跪、起立、前后弯曲等动作。如果不借助绳梯，儿童在做这些动作时是保持不了平衡的。首先，这些动作有助于儿童获得平衡；其次，也可以协调儿童所必需的肌肉动作。另外，这些动作对增强儿童的肺活量也有帮助。借助绳梯，还可以使儿童的双手更加灵巧，发展了儿童的抓握动作和能力。

通过这些游戏对儿童不同能力的训练，使儿童的机体更加协调，保持身体平衡。

——摘自《蒙台梭利科学教育法》

专家解读

在户外的滑梯上，总是会有很多孩子挤在上面，他们登上、滑下、坐着、站着，他们自由自在地选择自己喜欢的方式，参与这个游戏项目。他们的选择是自己身体的需求，对自己进行不同的能力训练。

儿童的各种动作的速度，都是建立在身体平衡的基础上，而身体平衡是通过不断的训练才可以获取的。在日常生活中，家长应该给孩子提供更多锻炼自己的机会，而不是让孩子待在一个“完全安全”的环境中。

游戏配合

游戏名称：传球游戏

适用年龄：4 岁以上

游戏目的：锻炼孩子的反应能力，提高孩子的运动速度。

游戏方式：

Step 1

准备一个材质柔软、不容易弹起的小皮球。

Step 2

和孩子说：“我们一起玩传球游戏吧！”孩子同意后，和孩子面对面站好，中间间隔 1~1.5 米的距离。

Step 3

家长做扔球和接球的动作，让孩子观察，练习扔球和接球的动作。

Step 4

孩子掌握后，和孩子开始传球，当孩子在这个距离传球没有失误的时候，可以稍微将距离拉大一些，再进行传球。

☆家长观察笔记

04 儿童的运动节奏是不断变化的

蒙台梭利老师怎么说

对于儿童行走能力的认知，很多成人是不了解的。1.5~2 岁的幼童可以步行几千米，甚至能够上下坡，走崎岖的路段。但是儿童走路的目的和成人是截然不同的：成人走路是为了到达一个目的地，通常他们以节奏固定的步伐稳定地前行，更倾向于直奔那里；儿童是不一样的，儿童走路是为了建构自己的功能，因此其目的是自我创造。他们步伐缓慢，没有固定的节奏，更没有目的地。周围的事物吸引着儿童，并一次次地推动他们前进。所以，在儿童的这个时期，成人应该随着儿童的节奏进行行进。

我曾经见过一对年轻夫妇，他们有一个 1.5 岁的孩子。夏天去海滩玩耍，他们要走一条货运双轮马车和双座轻便马车都无法通过的道路，沿着这条陡峭的道路，约走 1.5 千米的坡路。让他们出乎意料的是，孩子独自走了很长一段路程，每当遇到路旁盛开的野花，他都会停下脚步欣赏，或者坐在草地上，或者静观动物活动。有一次，足足有一刻钟，他都在聚精会神地观察一头吃草的驴。这样，孩子每天都能不知疲倦地上坡、下坡，走完漫长而艰难的道路。

——摘自《童年的秘密》

专家解读

孩子很容易受身边环境的影响，他们可能会因为一朵花而静静地坐一天，也可能会因为一条小狗而不知疲倦地跑跳一天。在孩子的眼里，每个东西都是新奇的，他们对周围的环境进行不断的探索。这也就形成了孩子在整个行动的过程中，节奏是在不断变化的。

在这个时期，成人要不断调整自己的节奏，以孩子的节奏为标准。孩子随着对社会的探索，不断完善自己，我们要做的就是静静地看着孩子完成自己的冒险。

游戏配合

游戏名称：小猫抢墙角

适用年龄：3~4 岁

游戏目的：锻炼孩子的运动神经和肌体协调能力。

游戏方式：

Step 1

在一间没有杂物的小房间里，准备 5 张纸签，其中一张纸签上画着一只小猫，其他的都是空白纸签。

Step 2

5 个小朋友抽签，打开纸签后，拿到小猫这张纸签的小朋友，戴上小猫头饰，站在屋子的中间，其他 4 个小朋友分别站在 4 个墙角。

Step 3

妈妈喊："换位置。"这时，4 个墙角的小朋友开始跑起来交换位置，而"小猫"努力去抢占一个墙角。

Step 4

如果"小猫"抢到墙角，就换没有抢到墙角的孩子当"小猫"，如果"小猫"没有成功，就继续当"小猫"。

☆家长观察笔记

Part 6
锻炼儿童的运动神经

01 训练儿童腰部力量

蒙台梭利老师怎么说

人体腰部的力量与人体中枢神经关系密切。儿童要想保持四肢平衡，要完成直立、走路的动作，腰部起到的作用是极大的。对儿童来说，走路可以说是一个全方位的锻炼，它不仅能强身健体，还能在跨过一条小沟、捡起一些木柴等动作中完成对腰部的锻炼。

需要注意的是，人的肌肉和运动神经得不到适当的锻炼，就会引发疼痛、畸变。倘若家长或教师让儿童的肌肉和运动神经闲置不用，那么他们的身体就会处于无序状态，这种无序状态还会引发相关器官发生变化，最终影响脑部的发育。

因此，肌肉组织应当为思想服务，对运动神经的锻炼就是为肌肉组织贡献力量。儿童应当积极地参与到运动中来，让他们的运动神经和肌体生长处在健康与正常的锻炼中。

——摘自《有吸引力的心灵》

专家解读

家长在帮助孩子进行腰部锻炼时，可以采用的运动方式有仰卧起坐、扭腰运动、转呼啦圈、前膝下蹲等。这些运动要每天坚持去做，根据孩子一次能做的数量来要求运动量，并要保持稳中增加运动量的趋势。做扭腰运动时，注意不要太累，运动过程中切忌运动幅度过猛，伤及腰部。

游戏配合

游戏名称：青蛙白兔跳

适用年龄：3 岁以上

游戏目的：训练孩子的腰部力量。

游戏方式：

Step 1

在室内或户外选择一块宽敞、无障碍物的地方，爸爸站在孩子左侧，妈妈站在孩子右侧，让孩子站在中间。

Step 2

爸爸开始喊：“我是青蛙，朝我

这边跳。”孩子转身向爸爸这边跳。

Step 3

当孩子跳到爸爸身边时，妈妈开始喊：“我是白兔，朝我这边跳。”孩子转身向妈妈这边跳。

☆家长观察笔记

02 蹲坐与直立

蒙台梭利老师怎么说

儿童在实际生活中得到锻炼，他们在准确使用物品时，要集中注意力，将身体的重量保持在站立或者蹲坐状态，以便使自己的动作精准无误。为了做到这些，他们必须保持身体内的每一根纤维高度紧张，而不发出奇怪的声音影响别人。

儿童通过长期的锻炼使他们成为行动的主人，并且他们在所参加的活动中得到快乐。他们变得身心健康、内心充满喜悦之情；他们变得平静、从容，遵守纪律；他们自然而然地掌握了许多实用技能。让我们想象一下他们通过锻炼进入了一个非常美好的情景——他们可以步伐坚定地走路，他们可以起立、坐下、挪动椅子。没错，他们不但在肌体上得到了锻炼，而且心智和“社会感”得到了加强。

——摘自《有吸引力的心灵》

专家解读

训练孩子的蹲坐和直立，也是在帮助他们进行身体平衡能力的锻炼，同时还能提高神经系统的弹力与韧性，有助于孩子肌体的健康。家长在帮助孩子进行锻炼时，要注意让孩子的整个足部放平，完成上下蹲坐和直立的频率放缓，注意节奏和腰部的承受能力。

游戏配合

游戏名称：蹲下来找妈妈

适用年龄：1.5 岁以上

游戏目的：锻炼孩子的蹲坐与直立能力。

游戏方式：

Step 1

在室内找一张略比孩子矮一点的桌子或其他家具。

Step 2

帮助孩子扶着桌子站稳，妈妈站在桌子的

另一面，呼唤孩子的名字，吸引他的注意力。

Step 3

当孩子找到妈妈后，妈妈迅速躲在桌子的下面，再呼唤孩子的名字："宝贝，找找妈妈在哪里？"引导孩子弯腰或者下蹲，从桌子下面看妈妈。

☆家长观察笔记

03 儿童多动与肌体组织健康

蒙台梭利老师怎么说

在儿童成长敏感期，总会有一些儿童表现为“多动”症状：总是无序地好动，一刻也不停歇，别人稍加干扰就会情绪失控。他们被批评为“调皮”“顽劣”，并被冠以“捣蛋鬼”的称呼。其实，这并不是儿童的本意，也不是他们故意而为之，而是与他们的神经发育尚不完善有关。

有的家长可能不太理解儿童的这种行为表现，家长最常见的处理方法就是限制他们的活动，“老老实实待着”是这些家长最常说的口头禅。可是，这些斥责和限制往往收效甚微。

家长应该知道，儿童进行的活动是有益于自己肌体组织协调，有益于神经系统成长的。所以让他们放弃这些行动，无疑是一种错误的做法，也自然是无用的做法。

每个人都应该认同儿童必须不停地活动这一事实，儿童需要满足这种童年时期无法回避的运动需求。当他们的心理需求与运动取得和谐，并且能用意志控制运动时，儿童的发展路径就会变得顺畅。

——摘自《有吸引力的心灵》

专家解读

家长和教育工作者应该清楚，如果处于运动敏感期的孩子感到来自别人意志力方面的压力，孩子是可以加以拒绝的。教育不能限制或是禁止个体的运动，相反，教育应当允许孩子的精力获得正常的消耗，并帮助他们更有效地运用自己的精力。

所以，家长面对孩子的多动表现时，不是试图让孩子静止不动，而是给出一些针对他们运动能力锻炼的指导，引导他们能够更快、更有效地实现锻炼目标。一旦孩子得到了正确的指导，他们就能朝正确的方向自主发展。在这种成长环境中，孩子的身体和心理得到正确的发展，他们才能逐渐成为积极的工作者和奋发向上的人。

游戏配合

游戏名称：挣脱小牢笼

适用年龄：3 岁以上

游戏目的：锻炼孩子的肢体协调能力。

游戏方式：

Step 1

准备一条长方形浴巾，也可以是一条小一些的毛巾被。在室内选择一块宽敞、无障碍物的地方。

Step 2

让孩子躺在中间，家长用浴巾把孩子包裹在里面。在此环节中，一定要注意浴巾不要裹太紧。

Step 3

家长喊："游戏开始。"让孩子活动四肢，从浴巾中挣脱出来。重复几次。

Step 4

增加游戏难度，家长喊"游戏开始"后，要阻止孩子从浴巾里挣脱出来，给他增加逃脱的困难。在这个环节中，一定要注意安全。

☆家长观察笔记

04 锻炼儿童全身的运动神经

蒙台梭利老师怎么说

我们可能不太清楚人类复杂的神经系统的情况，让我们来想象一下：首先，我们有大脑，它是神经控制的中心；其次，我们有各种感觉器官，它们负责收集感觉信息，并将其传送到大脑；最后，我们还有肌肉，它来帮助人们实现运动、完成信息的收集工作。也就是说，人体的结构主要由神经系统、感觉器官和肌肉组成，而人们身体的运动就是这些系统、器官和组织精密而协调的工作过程。

为了保持人的身体健康，我们的心、肺、胃等身体器官都要正常进行工作，任何器官出了问题，都会影响到人体的健康。同样，神经系统、感觉器官、肌肉也都要协调地进行工作。只有所有的部位都能正常地进行工作、发挥作用，系统才能运转正常，任何一部分的作用都不能忽视。

——摘自《有吸引力的心灵》

专家解读

对广大家长而言，孩子的运动神经锻炼这个概念有些抽象。实际上，这是指对孩子神经反射和神经协调等能力的练习。让我们来了解一些人体运动神经的知识：人体的神经系统与知觉有关。神经系统可以划分为交感神经系统和中枢神经系统。交感神经系统主要控制着身体的组织功能，并与情感密切相关；中枢神经系统及其无数的分支使得感觉器官与外部世界相联系，并且由意志控制随意肌。情感与意志的存在，表明交感神经系统既从属于又依附于中枢神经系统。

当人的中枢神经和交感神经不能正常运转时，就会表现为精力不足、身体虚弱、新陈代谢减缓，继而是抗病能力降低。因此，人们需要对自己的运动神经加以锻炼，孩子也是如此。孩子对运动神经的锻炼，自然也是从自主的运动中获得的。所以，家长要注意帮助孩子对其全身运动神经的锻炼。

游戏配合

游戏名称：保龄球

适用年龄：3 岁以上

游戏目的：锻炼孩子全身的运动能力。

游戏方式：

Step 1

准备干净的空塑料瓶若干，小皮球一个。

Step 2

在室内或户外选择一块空旷的地方，在地面上画一条线作为起点，将空塑料瓶呈一字线排列，放在距离起点线 3 米处的位置。

Step 3

家长先给孩子做示范：双臂与肩膀齐平，一只手托着小皮球，双脚交替迈步向前做助跑动作，到起点线时将手中的小皮球丢向空塑料瓶，直至空塑料瓶倒地。

Step 4

让孩子学习这个动作，直到他能轻松地全部击倒所有的空塑料瓶。

☆家长观察笔记

Part 7
适宜儿童的肌肉锻炼

01 锻炼肌肉有利于儿童的身体发育

蒙台梭利老师怎么说

我们知道，成人想要完成一件事情，必须有强健的身体。儿童在成长为大人的过程中，同样也需要不断地练习，完成对自身肌肉的锻炼。

当婴儿成长到 1.5 岁之后，他们开始的自主活动意义重大。家长总是惊叹孩子们的成长速度：孩子们很快就能运用手臂的力量，承载并移动一定重量的物体；他们运用脚和腿的力量，从小范围的活动扩展到大范围的活动；他们努力让自己的四肢协调配合，来完成攀爬动作，抓够位置更高的东西。

这些运动对孩子们肌肉的发育都是有帮助的，孩子们也总是能从这些活动中获得乐趣。他们通过反反复复的运动和练习，使自己的运动能力和技巧得到迅速提高。

——摘自《有吸引力的心灵》

专家解读

很多家长可能会陷入误区，我们所说的肌肉锻炼并不是成人的负重训练。因为孩子的骨骼和肌肉都还很脆弱，处在成长期间，过多的锻炼会给他们的成长造成阻碍。所以，我们提倡的锻炼是经历一些“日常活动练习”，如让孩子帮助家长做一些简单的家务活，让他们自主地去玩耍等，既能培养孩子的学习能力，又能使他们在活动中锻炼身体的肌肉。

游戏配合

游戏名称：钻山洞

适用年龄：8~12 个月

游戏目的：锻炼孩子的爬行能力、四肢协调能力和胆量。

游戏方式：

Step 1

准备一个洗衣机或者电冰箱的纸箱，将纸箱的两端打开，放在地毯上，形成一个长方形通道。

Step 2

将孩子放在纸箱的一端，妈妈在纸箱的另一端拍手召唤孩子，引导孩子爬行穿过纸箱。

Step 3

当孩子爬进纸箱时，妈妈要及时予以鼓励，直到孩子完全爬出纸箱为止。

☆家长观察笔记

02 让儿童参与劳动

蒙台梭利老师怎么说

我们仔细想想，其实生活给儿童创造了很多锻炼的机会。这些活动能有效地帮助儿童得到肌肉的锻炼，如卷起毯子，刷鞋子，洗盆子，擦地板，摆桌子，开关抽屉、门、窗，布置房间，把椅子摆整齐，拉窗帘，搬家具等。从这些活动中，儿童可以练习一个又一个动作，儿童学会了如何动用双手和臂膀。这些活动对肌肉的强化作用胜过普通的体操锻炼。

日常生活中的活动是一种自然的练习。体操锻炼可能需要设定一些目标，以此作为参考标准。但是儿童并不需要刻意完成这些，他们在日常生活中完全可以得到足够的锻炼。家长要做的就是让儿童参加到力所能及的劳动中来，让他们在简单的劳动中得到身体肌肉的锻炼，这也是对他们最好的尊重。

——摘自《有吸引力的心灵》

专家解读

家长总是认为，孩子在某一方面的才能必须是通过专门的训练得来的。其实不然，生活中一些自然而然的活动完全可以起到同等的作用。比如做家务，对孩子来说，既新奇有趣，又能满足他们帮助家长做事情的心理需要。更加重要的是，在无形的锻炼中，他们臂膀的力量增强了，动手的能力和技巧也有了明显的提高。

游戏配合

游戏名称：拎水桶

适用年龄：2~3 岁

游戏目的：锻炼孩子的臂部肌肉力量和手脚协调能力。

游戏方式：

Step 1

在地上放一个大盆，盆里盛满了水，旁边放着一个瓢、一个小桶。妈妈在旁边洗衣服。孩子在旁边玩水。

Step 2

妈妈对孩子说："妈妈洗衣服没水了，你帮妈妈用小桶拎点儿水。"

Step 3

孩子用瓢从大盆里舀水到小桶中，然后拎到妈妈这边。

Step 4

孩子将水倒进妈妈的盆里，妈妈要及时鼓励孩子。然后在孩子体力范围内，让孩子再拎几次。

☆家长观察笔记

03 进行一些手工制作

蒙台梭利老师怎么说

在“儿童之家”中生活的孩子们，他们每天都要进行适当的劳动。除此之外，参加园艺和手工制作也是孩子们喜欢的活动。

例如，孩子们可以在小花园里种植植物，并且负责给它们浇水、施肥、除虫、铲草；他们可以喂养小动物，和小动物成为好朋友，陪小动物玩耍、散步。有一项活动很受孩子们的喜欢，那就是制作手工艺品，他们可以进行泥塑活动，可以裁剪自己喜欢的剪纸，在这些活动中得到欢乐。

是的，孩子们从这些活动中收获了很多，不仅仅是快乐的心情，还有爱心、责任心和动手能力。一次，我看到孩子们在进行泥塑活动，当然这个活动很简单，并不要求做什么精美的手工艺品，他们只需借助模具等小工具制作一些小瓦片、花瓶和砖块等物品。孩子们利用泥土等原料，用手指的力量将泥土塑造成形，最后将所有物品放进窑炉中烧制成成品。我是喜欢他们的这些活动的，希望家长也能让孩子们有这些类似的活动，让孩子们在活动中既得到了锻炼，又陶冶了情操。

——摘自《有吸引力的心灵》

专家解读

让孩子进行手工制作，是对他们体能和智能的一项很好的锻炼。在手工制作的过程中，孩子从选材、制作到综合运用各种工具，既可以在智力方面得到加强，又能让肌肉组织得到适当的锻炼。家长还可以陪同孩子一起，让他们从简单有趣的活动中，体会到家长的关爱和靠自己的双手创造的快乐。

游戏配合

游戏名称：玩沙子

适用年龄：2 岁以上

游戏目的：锻炼孩子的体力和促进肌肉发育，培养孩子的想象力。

游戏方式：

Step 1

妈妈带孩子到公园的沙坑玩沙子，让孩子自己用沙子堆东西。

Step 2

孩子堆好后，问孩子："你堆的是什么呀？"让孩子发挥自己的想象力。

Step 3

与孩子一起堆一个城堡造型的沙雕，让孩子多做，家长只是起辅助作用。

☆家长观察笔记

04 参加体育活动

蒙台梭利老师怎么说

可能有的人对户外运动和游戏会有一些偏见，认为体育运动是一种消耗过剩精力的途径，显然这种观点是片面的。当今社会关于体育运动意义的论述已有很多，包括儿童应当进行哪些体育运动的论述。

我们知道，有组织的游戏要求儿童能准确运用物品、持续集中精力并且能完全控制自己的动作，这些活动和游戏能带来对抗的意识，激发参与者的竞争精神。体育运动所带来的积极作用是显而易见的，与漫无目的的玩耍相比，体育运动代表着精神的进步。

儿童参加体育运动，不仅使儿童的肌肉得到锻炼，也是儿童滋生“社会感”的自然成长方式。他们在运动的同时与伙伴们协同合作，合作的过程就是劳动，而社会是通过劳动联系在一起的。

——摘自《有吸引力的心灵》

专家解读

体育锻炼是锻炼孩子肌肉的一种方法。所谓孩子的肌肉锻炼，是指针对四肢和躯干的锻炼：四肢的锻炼可以通过有关举手、抬脚的运动来完成，躯干的锻炼可以通过日常生活中的行走、攀爬等活动来加强。而适合孩子进行举手、抬脚的大动作不宜太多，能起到唤醒、开发、增强肌肉的作用就可以了。

游戏配合

游戏名称：跳皮筋

适用年龄：3 岁以上

游戏目的：锻炼孩子的腿部肌肉发育和双腿的协调能力。

游戏方式：

Step 1

由两个小朋友把橡皮筋撑好，妈妈在中间跳一些简单的动作，让孩子看清楚。

Step 2

在妈妈的引导下，孩子和妈妈

一起跳，跳的速度比较慢。

Step 3

跳皮筋的孩子和刚刚撑皮筋的其中一个小朋友交换一下，让那个小朋友和妈妈一起跳。

Step 4

给孩子编一个朗朗上口的口诀，让小朋友一起玩。

☆家长观察笔记

后记

从北京师范大学毕业后一心致力于教育事业，如今如愿实现。每天，当我站在教室，面对一张张质朴的脸庞，授予他们知识时，我都倍感荣耀。

俗语说“十年树木，百年树人”，果然如此。每每和学生们在一起，或是探讨问题，或是一起参加体育活动，我都能从他们身上感受到一股朝气蓬勃的力量。同时也深知自己作为学生们的榜样，肩膀上的责任重大。

在教学过程中，每个教师、家长都会遇到问题，无论是教学方法方面的，还是学生个人方面的，我想大多数人都为此感到头疼、不解。我也遇到过这些问题，所以总是翻开书籍，希望能从中找到解决之法。

当我翻开蒙台梭利文集时，内心就被这位慈祥的教育学家的思想和心得深深折服，她不愧为“20世纪最伟大的科学与进步的教育家”。她在文章中提到的很多观点，值得今天的我们拿出来细细研究，我想这也有可能是未来教育改革所不可缺少的参考；她提出了很多教学方法，我认为这些论述对学生的教育也是很有帮助的。所以，我和众多教育工作者探讨了这个问题，并决定从蒙台梭利的论述中提取若干可以帮助学生进步的方法，希望对学生和教育工作者有所启发与帮助。

在探讨观点和实验教学方法的过程中，我们遇到了诸多困难，但都一一克服，力争把最好、最全面的观点和方法呈现出来，以供家长和孩子们练习。在此感谢所有参

与编辑此套书籍的工作人员，一并感谢帮助出版此书的有识之士，感谢你们为教育事业所做的贡献！

我们都以一颗赤诚的心，将精力奉献给祖国未来的花朵，我想这将是利国利民的实事、好事。人们总把教师称为“人类灵魂的工程师”，此刻我由衷地认为任何对教育有帮助、有贡献的人都应享此荣誉。

最后，作为一名受家长信赖、受社会大众委任的人民教师，我将继续义无反顾地投身于教书育人的事业，与同事将这些新的教育方法运用在教学过程中，并不断地总结经验，力图能像蒙台梭利所述的那样，让孩子们在自由中成长，在学习中进步，在教育中成才。

唐玉芸